古典復筆新

# 不必讀書目

刁爾登 著

爾

〈刀爾登作品〉繁體中文版序

# 冷靜的同情，克制的反思

文・胡又天

二〇〇七到一〇年，我在北京大學歷史系攻讀中國近現代史碩士學位，每當路過書報攤的時候，就會買《南風窗》、《南方週末》、《南方人物週刊》、《三聯生活週刊》、《讀書》、《讀庫》、《財經》（後來被整管，原班人馬出走另創《財新》）這些時政與人文的雜誌。彼時雖然 iPhone 已經問世，但微信未出，社群 APP 的時代尚未全面到來，網上的精彩內容還分散在各個論壇和博客（網誌）中，實體版報章雜誌的市場還沒有萎縮得太厲害，甚且還在選題、編採、排版等各方面精益求精地進步著。

應該說，一九九〇年代末到二〇一二年，是當代中國大陸報章雜誌最精彩的時候。

一九九二年鄧小平南巡講話，確保改革開放路線不動搖，使言論環境漸漸從一九八九年六四天安門事件的肅殺中回暖；江澤民時代，主要基調是經濟發展與「入世」（加入WTO），對政治和文化方面的敏感議題，也放鬆了管制——或者應該說，發條鬆了，而體制內外大多數人，一時也還不想它再度栓緊，再加上網路開始普及，共產黨很清楚這是未來，不可遽禁，只能花時間去摸索如何管制。二〇〇二年換胡錦濤執政，大抵蕭規曹隨（包括可嘆的弊端及可喜的弊端），言論上也是比較被動的姿態，感覺到危險才會嚴肅的反應一下。於是，各個世代、各種思想的作者，察覺了這個空檔（或者說「過渡時期」），便紛紛大展身手，在體制容許的模糊範圍之內打「擦邊球」，藉由對過往的重述、對當下的記錄，探尋一個更好的未來，或至少是盼望著一個可以比較不一樣、不那麼「主旋律」的中國。

刀爾登便是在這個時期出名的作家之一。

刀爾登本名邱小剛，生於一九六四年，在文革的瘋狂與凋敝中度過了童年，一九八二年以河北省文科第一名考入北京大學中文系，然而他心性淡泊又帶幾分刁，並不以此為得意；一九八六年畢業，也不待在首都北京，而是回了石家莊的家，在河北社科院任職，一九九〇年代末再到河北日報社旗下的《雜文報》當編輯。這些都不是什麼了不起的單位，有識者或許會覺得屈才，而他既不喜爭競，一輩子或許也就這樣了。二〇〇一年，他和朋友被新來的領導「調離」，沒了體制內相對閒散的工作與生活；如果他下海從商，或許也能別有一番發展，但也可能就泯然眾人了。

他之所以成為了名作家，轉機在一九九九年左右開始在網上發表的文史隨筆。

一九八〇年代晚期到二〇一〇年代的最近，是翻案的時代，兩岸三地皆然：幾乎所有的一切都要被顛覆，至少也要面臨重新審視，特別是在牽涉當代政治的文史領域。其中有不少持論過激、翻案翻過頭的，雖能聳人聽聞於一時，但網路時代人人可吐槽，不久也就將引來同等的反駁，乃至流於令人厭棄的口水仗；刀爾登的文章，則沒有那樣的浮躁，講故事能自然流露出其閱讀的深度與廣度，作批評也總能細膩地引導讀者，不去執著於得出什麼正確答案或「真理」來踩人，而是讓我們能在各種殷鑑之中更加瞭解人情事理中的所以然，然後可以保育個人的自由，也讓社會能有更多同情和思考的餘裕。例如《中國好人》中的一段：

黨錮之禍，生出一批道德典範，李膺、范滂等，以其勇氣和正直，激勵過歷史中許多偉大人物。此役雖在社會生活中是大破壞，在道義上卻是一場完全的勝利；用良心或腎上腺與壞人作殊死鬥，從此成為一個模型，德昭千古。至於如何將權力鬥爭轉化為道德戰爭，不用很久也要成為拿手好戲，連續上演。

這可以說是從「得理不饒人」這句俗話，反過來切中了傳統史學和唯物史學都未能充分解釋的要害：傳統史觀格於士大夫的立場，天然地和學運站在一起（在台灣年紀稍大一點，讀國編本歷史教科書長大的朋友，可以回想一下當年課本是怎麼惺惺相惜地描述黨人的）；唯物史觀則只從「生產力」與「生產關係」論述皇權、世家、豪強、寒門的利益矛盾與階級固化問題，將道德上的爭執貶抑為遮蔽真正癥結的煙幕，然而這種自傲於掌握了真理的姿態，往往便將經濟理性的今人和「蒙昧」的古人割裂了開來，喪失了歷史本應能讓我們培養的同情、共感（或曰「神入」）的能力。《中國好人》與《舊山河》這一集中的文章，便能通過作者潛心達致的共感，檢討中國史上這許多盛名累累的「好人」，是為什麼會將事情辦壞掉，乃至讓大局不可收拾，遺禍千年的。

刀爾登檢討國故，沒有五四運動以來急切揚棄傳統、盲目仰望西方的弊病（現在有一些為反中、反共而活動的論者仍只停留在這裡），也不走到一味擁護傳統、標榜傳統的另一個極端——這種人雖不顯眼，但也不太少，可嘆的是其中還沒幾人真有好好通讀過古書。刀爾登是真正讀過的，在二十來歲時自己大量閱讀經典和文集，打了底子，《亦搖亦點頭》便記述了他接觸中外文學的歷程與心得，書名一方面意謂豎排、橫排都看，一方面也是保持著主見，有所取有所不取；再一方面，也是體現他們一代人在世道幾度變更中的迷茫與恍惚。例如談十九世紀自由主義經典著作《論自由》（*On Liberty*，嚴復譯《群己權界論》）時，他筆鋒一轉：

我想起一九七六年秋天，在一個山坡上，與一個同學皺著眉頭討論：「……會不會變天呢？」那時我還是個小學生呢！是的，我們這一代人，本來是標準件，出自政治工廠。我們不知讀過及聽過多少正統的書籍、報紙、廣播，每天浸泡在其中，生長在其中，在小學時便寫批判稿，寫學習體會，訂閱《朝霞》《學習與批判》，「關心國家大事」……如今我好奇的是，那一代人，是如何沖出這包圍的呢？

「好像沒費什麼勁。」我同一位老友談到這個問題，他這麼說。是的，好像沒有經歷過什麼嚴重的思想轉變，沒有經歷過可用「崩潰」「重建」之類的詞來形容的過程，瓦解是安安靜靜地發生的，等想起來時，它已經完成了。（〈「密爾」路碑〉）

生為文革一代，刀爾登的文集不能不帶有對文革與專制的反思，事實上他的反思是深入到文化傳統根柢的，並且他謹慎地不留然站到另外的極端立場去，只是綜合這半生的體驗，來為古老的問題吐納出自己的一番心得。《不必讀書目》這部談中國古代經典和文集的書，書名便首先對應了國學領域裡頗讓人難為情的「書單」老問題。

近百年來有不少學者開過國學書目，談論說為什麼必讀、應該怎麼讀，然後這個人說你這最低限度的書單還是太繁太多，那個人說你的讀法還是夾帶了太多執見，鬧得很沒趣。然而老一輩學者多少還真的讀過那些古書，過了兩代人，我們大多是修課時選個幾篇意思一下便罷，連參與這個話題的資格也沒有了，因而經常不能不自慚於底蘊不足，轉頭又吐槽別人不讀書或沒把書讀通，反正通常不會錯，就這樣用散發焦慮的方式來處理焦慮。

刀爾登的處理方式，卻是從「必」字著眼，針對了這種焦慮來作解說：確實讀過這麼多書的他，不跟你擺譜說你們這些小朋友快來拜師，也不去迎合某些人的便辟心理，說這些書不讀也罷（甚至「不讀更好」），而是點出他在諸子百家、歷代文苑之中所看到的執迷，讓我們可以不像前人一樣地失陷進去。並且，其中如批崇古非今、道德掛帥等等痼疾，感覺起來雖可能有些老生常談，但別人批判舊中國的崇古情結，多是站在發展主義、追求國富民強的立場上面；刀爾登的關懷，則總在於我們**個性的解放**，以及**情志的舒展**。例如：

世界上最愚昧的事，是允許自己處在愚昧中。假如我們同意，對廣袤世界最少經驗的古人，擁有最好的解釋，那麼，我們也就同意了，理性的目的是迷信，知識的目的是混沌，不可積累的高於可積累的，無可驗證的優於可驗證的，而且，我們還同意了，文明的方向從一開始就前後顛倒，是從終點駛向起點，其意義至多是保持人類的壽命，使其有時間達到古人已經達到的境界──愚昧。（〈不讀《周易》〉）

這既是針對後世玄學家將易經與儒術發展成的迷信，也是針對有史以來，思想怠惰使人們相互要脅著自欺欺人，乃至造成道德的禁錮，用現在的流行語來說是「在同溫層裡取暖」的情形，一如《中國好人》中的片段：

習慣於依賴愚昧，並從愚昧中發現出力量，體驗到快樂。田間地頭學哲學，工人階級上講臺，在這種「遊戲」裡，受傷害的絕不是知識傳統的本身，而是我們。到今天，我看到一些念過書的人拿起什麼事來都敢胡說，我懷疑他們和我一樣，也是「批判」著過來的。（〈被小學生批判過的〉）

梁簡文帝曾說，立身須謹重，文章須放蕩。後人反是。自唐以後，聖道沒見到弘揚多少，國祚沒見到延壽多少，而文章倒成功地弄得無趣了。喜歡趣味的，由文被逼入詩，又逃詩入詞，逃詞入曲，又逃到小說，最後小說裡也全是大道，這時人們方心滿意足，吮大拇指而發呆矣。（〈庾信文章豈老成〉）

《不必讀書目》各篇標題以「不讀」開頭，其實當然不是不讀，而是不像教科書那般總要「主義掛帥」，牽強附會地將屈原說成愛國主義、李白說成浪漫主義、杜甫說成現實主義詩人，談《儒林外史》、《紅樓夢》則必云其如何揭露封建社會之醜惡云云（大陸教科書至今仍多如此，但台灣人請勿嘲笑，不少政論家在帶風向的時候，一樣是用這種強行說教的工具思維來看待世界上的一切文學藝術）。刀爾登則脫去了教條，而能以個人的角度，帶領我們關注這些舊書真正值得細品的地方，就是「人」的處境：

偉大的《儒林外史》，講了一群失意者的故事。在證明這些人如何了不起上，《儒林外史》的說服力是不夠的，但小說告訴我們，他們怎樣活下去，怎樣把幻想維持下去，其中那慘澹的信心，是除了《紅樓夢》的讀者之外，任何人都需要看到的，即使是在別人身上。（〈不讀《儒林外史》〉）

我們總是需要希望，即便只是一種「慘澹的信心」。這是冷靜克制的刀爾登並未放棄的溫情，他的反思不會走到徹底的絕望和否定，淪為「小人窮斯濫矣」、「破罐子破摔」的灰心喪氣，我相信這是他從文學裡得到的滋養，也是他想傳遞給我們的慧命。

二〇一二年以後，以社群平台和微信行銷公眾號為中心的移動互聯網時代來臨，中共的網路管制趨於齊備，群眾在國勢日蒸的背景之下，亦多擁護中央以經濟發展為綱、民族主義為大棒——異議不是沒有，但已動搖不了境內的主流。仁人志士打了十幾年擦邊球，結果是中共劃出一條不得跨越的紅線了，報刊再也沒有了撬動政治、影響國家大政方針的可能，也就是不再那麼能令人「興奮」了，我也就漸漸沒再買大陸的實體雜誌，即使去年在大陸工作，偶爾買一兩本，讀起來也不再有先前的滋味。刀爾登隱逸的個性與文風，在這個新時代，自然是格格不入的，近年也很少再聽到他的消息，但或許這樣也好。

承蒙大寫出版相邀，為台灣讀者介紹刀爾登作品的時空背景，我也是首度拜讀了他文章的完整結集，而更接近了這位學長所閱讀過的，厚重、複雜而又保育著慘澹信心的古代、現代中國。大家在今日或者幾年、幾十年以後的將來讀到這幾本書，興許會很有一些恍如隔世的魔幻感：眼前的中國，居然也有過這樣的年月，出過這樣的作家。或者也不該說「恍如隔世」，而是真的隔了好幾世；然而，相隔百世的古人古書，刀爾登猶能有所共感，感知到那些不一樣的、失誤而真實、可貴的生命軌跡，我們也應該要能。謹為之序。

二〇一九年二月十一日

胡又天，北京大學中國近代史碩士，作家、歷史學研究者，著有《玩世青春》、《寶島頌》、《金光布袋戲研究》等作品。

刀爾登系列作品——《中國好人》
《亦搖亦點頭》
《舊山河》
《不必讀書目》

作者前言

# 題記

這本小書，收入的是這兩年間發表在《望東方週刊》的專欄文字。

「不必讀」這樣的題目，不能不承認，有一點危言聳聽。起初擬題，心裡的想法，是要以批評為主的，然而很快意識到，對古典著作或古典的觀念，沒有辦法持單一的褒貶，那畢竟是我們一半的精神背景，我們在其間活動，判斷，理解事物，想像未來，喜歡也罷不喜歡也罷，出發點是改變不了的。對舊觀念中的某一部分，我在這些年裡，一有機會必加詆訐，但細細想來，真正不滿的，是今人對這些觀念的態度，而非那觀念本身，因為那是古人在許多年前的思想，格於形勢，他們還能怎麼想呢？今人的不智，是不能記在前人賬上的。

傳統是個用得越來越混亂的詞。有時不得不使用，我難免會想，傳統到底是從過去傳遞下來的東西呢，還是我們從過去接受下來的東西呢？這是有點不一樣的，後者強調我們對古老經驗的處理，懷疑有沒有「傳統實體」這樣一種存在。平時，我們聽到兩種聲音，一種在說，我們失去了（一大部分）傳統，另一種聲音說，傳統正在大放光芒；我們還聽到兩種聲音，一種在討伐舊的觀念，一種要拯救往日的遺存。這些觀點，可以都是對的，要在於新舊這類概念之上，另有一番判斷。同我年齡差不多的人，在這些年裡，都看到自己曾批評過的古老人倫，當權力擺脫它時，如何有可怕的面目，我們甚至有點懷念它的節制了。這和二十年前的想法，是不一樣的。

「不必讀書目」本來想揀著常見的、最為閱讀的古書發議論，但在今天，這樣的書實在少，只好把注意力放在常見的觀念上，而涉及了幾種普通讀者不大想到去讀的書。寫著寫著，初衷似乎有點想不起來了，說來說去，自己也覺支離，況且年來國事紛擾，實難定心，雖還在一篇篇寫下，已是勉強得很了。此番結集，文章中粗疏的地方，信口開河的地方，沒有心思去一處處改正，只好請讀者原諒了。

contents

# 目錄

## 輯壹　不讀經典

## 輯貳 不讀詩詞散文

## 輯參　不讀雜集

**輯參　不讀小說**

# 輯壹

# 不讀經典

老子是出色的智者，但他當不能料到，後世竟以他的主張，為不求上進的藉口。

# 不讀《左傳》

《左傳》和《史記》，是我最喜愛的史籍。為什麼說不讀呢？讀了影響信心。這信心來之不易，受國家教育這麼多年，從小好好學習社會發展史觀，知道人類天天向上，制度越來越好。《左傳》記錄的春秋時代，按教科書說法，是在從奴隸社會向封建社會過渡，——聽，又是奴隸，又是封建，和咱們現在的制度，差著好幾個階段，比舊社會還舊，比古代還古，簡直就是暗無天日了。

記得有人評選「最喜愛的時代」，有說宋朝的，有說大漢的，問到我這裡，答以春秋。話一出口就趕緊懺悔，用著電腦，打著青黴素，沐浴著自來水以及主義帶來的陽光，怎麼可以嚮慕野蠻、艱苦的上古呢？無非是《左傳》讀多了。可見便是好書，也有不讀的理由。

有意思的是，春秋時代的人，倒不像我們這樣，覺得自己恭逢盛世，睡夢裡也要乾笑三聲。特別是春秋後期的士人，比如孔子吧，唉聲歎氣，對社會不滿。春秋到戰國，一大批讀書人，受這陰暗心理的影響，一直在尋找制度出路，當時，一種普遍的觀念是，人類是從黃金時代墮落下來的，所以幽厲不如文武，三王不如三代，如按老莊等人的看法，三代又不如最早的無懷氏葛天氏之類。儒家主張以禮制一點點地規束人性，以期大同，莊子則對任何制度沒信心，主張一哄而散。他們也都是理想主義者，只是方向與我們相反。

儒家同國家結盟後，談不上再有什麼制度理想了。一千多年中，古人對未來，並無想像，也沒有什麼期待。政治的時鐘，其實已停擺，官民的日常生活，一成不變，一切都是理所當然，那些仁人志士，補苴罅漏之餘，放膽一想，也不過是聖賢的舊調。這和我們是很不一樣的。

我們和古人相反。我們崇拜時間，堅信不論人類生活的哪一方面，都是越往後越好，而且會自動地變好。近代比古代好，當代比近代好，我們今天不管怎麼胡鬧，也只能產生好的結果，因為未來天然地就比現在好。我們有能力主動地改變生活，也從不吝惜這種能力，因為我們相信，改變就是好。

但冷靜地想一想，人類向前走，體現在積極方面的，有技術的發展，觀念的改善。春秋時代，得了肺炎，幾乎沒有活路，再往前，還吃人肉呢。這些改變，是實際的，標誌著人類的真正進步。在消極方面，則是人們常寄以厚望的制度變革了，也就是在組織社會的同時，讓組織本身少搗一點亂，別反客為主。

如對後者也有天然的信心，未免對未來太樂觀。比如我們知道，最壞的絕對主義國家，並沒有出現在上古，而是一次次出現在後代，而且每一次都比前一次更壞，一個很恰當的例子，就是希特勒的法西斯德國，這樣的國家，在一千年前，是沒有條件出現的。

這並不是說古人的心眼就好。拿中國舉例子吧，在古代，國家權力並不能管制人民的全部生活，官僚體制，也只管到縣級，這一半是宗法的牽制，一半是技術和經濟能力不足以支援對全民的動員和控制。所以古代的皇帝會感歎壯志難酬，餘生也早，沒有趕上未來的盛世。

我經常批評古代的帝制，但這並不意味著我覺得唐宋元明人的日子，就沒法兒過了。古代的生活是艱苦的、不公平的，個人的權利，更是受到無數干涉，好在那時的干涉，是粗糙的，雖然惹不起，偶爾還躲得起。握有權力的鄉紳和官員，其大多數，多少還知道一些節制，這種節制來自他受的教育，也來自他的遠比今天廣泛的社會聯繫。

何況還有其他的一些細節。讀《左傳》，最令人嚮往的，是春秋人的氣質，強健而溫和，直率而雍容，子夏之所謂「望之儼然，即之也溫，聽其言也厲。」春秋時代的日常生活，大概是沒有人嚮往的；但春秋時的人，今天，也許你能找到那樣的朋友，但不太能找到那樣的敵人了。

或形容春秋人的氣質為「高貴」。我傾向於不這麼說。「高貴」現在已經是商標了，一成商標，就要大量生產，賣將出去，高雖未必，貴是一定的。而春秋人相反，高尚是有一點的，貴則未必，我們看《左傳》裡的平民，也沉著得很，彷彿他的生活，在許多方面都有些餘裕，這不僅令人想到，春秋時雖有嚴重的壓迫，方向卻單一，並不是從四面八方擠過來，使人成為渾圓的國民。

# 不讀公羊

公羊學是個完整的、打通自然哲學與政治哲學、解釋一切的政治理論，現在的新公羊學，更是如此，而且更加詳盡。不過，我對所有完美的理論，都有戒心……

《春秋》三傳，我們最熟悉的是《左傳》，另兩部，《公羊傳》和《梁傳》，名氣小一些。但要論在古代政治哲學中的地位，《公羊傳》實高於《左傳》。《左傳》是歷史書，《公羊傳》則是儒生為漢代定制的政治學。

秦末造反的諸強，以興滅繼絕為號召，等搶到天下，自己一屁股坐住，再不提從前的話頭。在劉氏，本無什麼不好意思，在與皇權合作的儒生，略有幾分理論上的尷尬。按公羊學說，孔子對周並無信心或興趣，他老人家作《春秋》，本意便是為後王立法。這叫「以春秋當新王」，是公羊學的一大要旨，緯書裡有更生動的描述云：「孔子仰推天命，俯察時變，卻觀未來，預解無窮，知漢當繼大亂之後，故作撥亂之法以授之。」如此說來，漢朝代秦自立，應了孔子的預言，理直氣壯。

儒生與皇帝之間，如同狐狸與獅子的合作。儒家得意的一件事，是馴化了獅子——或多或少，獅子得意的，是能讓狐狸來為它管理草原，至於其間各自的得失，也是筆糊塗賬。若憑孔子的學說，這種合作根本無法形成，——起孔子於地下，遇見秦漢式的皇帝，互相都不會買帳。公羊學說的第一位大師董仲舒，改造了儒學，這種新儒學，同孔子的古典儒學，其實只有皮毛上的相似，倒是同名法及五行學派，更親近些。皇權和儒家的正式締約，粗略地說，簽字人便是漢武帝和董仲舒，公羊學在其中的作用，也不算小了。

不過，後世公羊學並不流行，因為公羊學裡面，包含著一些為君主所不喜的思想。比如按公羊學的政治圖式，沒有什麼鐵打的江山，天命變易迴圈，以有道伐無道，便如湯武革命一樣理所當然，這一點，和孟子的學說接近，在古人看來，都有可能「啟亂臣賊之子心」。董仲舒的儒學，在後世又被改造了，讓獅子不放心的內容，又去掉了一些。

我們今天看來，公羊學裡確有比正統儒學高明的地方，比如對「夷狄」，往往以文化、禮義，而非以遠近來區分。《公羊傳》裡有一句話，「中國亦新夷狄也」，說的是有幾個中原國家行事不妥，所以視同夷狄。後來——比如晚清或現在——常有人拿公羊學的這一態度，來反對排外，也是稍微有點奇怪的，反對排外就反對排外，還用到古書裡找理由嗎？

公羊學自漢代以後，一直式微，復興是在晚清。對新式人物來說，公羊學能提供的理論武器其實沒有幾件，但大家都習慣於自家有病自家醫，便是明明用著新藥，也喜歡放在舊壺裡煎一煎，或作簡單的比附，便發現「敢情這藥方我家裡原有，只是忘記吃了」云。康有為曾說：「大約據亂世尚君主，升平世尚君民共主，太平世尚民主矣」。說君主便說君主，說民主便說民主，非要塞到公羊家的三世說裡，搭配整齊，便以為有趣之極，深刻之至，正是古傳的毛病。

顧頡剛算是破舊立新的大將了，後來卻說，本以為這些年來是用歐美的新學來變易、代替中國的舊學，回頭一望，「在中國原有的學問上的趨勢看來，也是向這方面走去」，——好幾千年裡從來沒有順著「走去」，卻仍然是「趨勢」，這種信心，已難以評價了。近來研究公羊學的專家，有幾位很值得敬重，且也力主變革，但為什麼一定要把起點向後拉？有時我懷疑，中國果真是個特殊的國度，有特殊的國情，而唯一的證據，恰是有那麼多人相信如此。

公羊學是個完整的、打通自然哲學與政治哲學、解釋一切的政治理論，現在的新公羊學，更是如此，而且更加詳盡。不過，我對所有完美的理論，都有戒心，因為如果不讓現象屈從於理論，那種完美本無法達到。古希臘有個故事，說有個大盜叫普洛克路斯忒斯（Procrustes），強迫受害人睡在他制的鐵床上，若身比床短，便強拉使與床齊，若身比床長，則截去餘出來的腿腳。紛繁的萬象，我們的複雜經驗，放到任何一種理論的床上，會恰好一般長短嗎？我是不信的。

# 不讀《老子》

春秋，在現在看來，是很有意思的一個時代，人們健樸、高尚、講規矩，但在春秋士人眼裡，那是個政治失敗的年代，禮崩樂壞，王令不行，大小諸侯僭禮越分，戰爭連綿，普通百姓的日常生活，記載很少，但想必也好不到哪裡去。一批有知識的人，主張各異，卻有一樣共識，便是社會狀態糟透了，須加改變。

孔子和老子都是極富同情心的人，但他們的社會設計幾乎相反。孔子提倡道德的個人生活和完美的社會秩序，老子對此搖頭，特別是對後者。他認為人無法被自外約束，社會本身就是失敗，正如秩序本身就是混亂之因，在老子看來，唯一的出路就是解散社會，或把社會限制在最小規模上。

《老子》一書，基本上可以認為是老子的思想彙編，儘管成書於何時及何人之手，尚無定論。以前我們見到的讀本，都曾經後人陸續附益修飾，感謝考古學家的工作，現在，我們有了幾種更接近原貌的文本。

從《老子》書來看，悲觀的老子，提倡的方法是從文明後退。在他看來，人們為利益而紛爭，是任何制度也解決不了的，唯一的辦法是消滅利益，無可爭，則民不爭，無可盜，則民不盜。富貴只會害身，金玉滿堂，誰也守不住，反過來，每一個人都窮得要死，天下就太平了。

與之相輔的，是消滅欲望。窮人也會渴望富足，欲求那些雖然看不見、卻可以想見的東西，所以要讓人們根本就不知道那些無用的事物。五音令人目盲，五味令人口爽，都在排除之列，如果你根本就不知道有那些五花八門的事，想不清心寡欲也難。

按老子的意見，文明的進程，就是大道被破壞的過程。失道而後仁，失仁而後義，失義而後禮（真希望孔子見到這樣的主張），仁義禮智，不是挽回美好社會的通途，倒是失敗的路標。老子的見解，是從原路退回，他提出的辦法，從社會和個人方面，分為兩種。第一種，是統治者要臨天下以虛靜，你在這裡吃肉，人家聞到了，難免也想吃，你在這裡聽音樂，人家聽到了，難免也想聽，你提倡任何事情，都會使人競爭。所以要無為，「其政悶悶，其民淳淳」。

《老子》裡有驚心動魄的話：「古之為道者，非以明民也，將以愚民也。夫民之難治，以其智也。」需要為老子辯護的，是他的「愚民主張」，和後世施行的，並不一致。老子倡愚民，不是為了舉天下而奉一人，而是要君民同歸於簡。但不管怎麼說，他也確實為愚民主義提供了一種理論解釋。

老子主張的第二種途徑，是「個人的自修」（這一點後來被莊子發揮了），本質上說，這是弱者以弱自存的生活哲學。他說，眾人都興高采烈，我獨在一邊發呆，眾人都聰明靈俐，我獨在一邊發傻，這才叫知白守黑、知雄守雌、知榮守辱，這才是被褐懷玉。對眼前混亂的世界，什麼也不要做，不要勉強，不要為天下先，也不要故示人以別，你們忙你們的，我則「居以須復」，走著瞧，——不，是坐著瞧。

老子和孔子不同的，還有他的哲人氣質。他有出色的抽象能力，來建立一個概念系統。簡化到最後，他得到了「無」。老子的哲學趣味，是忽視現象界，使萬物混一為抽象的有，繼而自毀形態，變成無，也就是大道所出的地方。老子厭惡事之多端，他採取了一種被後世恭維為「辯證法」的方法，把現象簡化為兩端，再把兩端繞過來，使之相遇，這也就是人們常引用他的，「難易相成，長短相形」；曲則全，枉則直；「福禍相倚相伏」；「將欲奪之必先予之」，等等一系列格言。

這是非常漂亮、也非常容易掌握的方法，想像一下它產生在兩千多年前，我們就對老子佩服了。如果後人仍然滿足這種封閉的、過於簡化的、在哲學上畢竟幼稚的方法論，那是後人的沒出息。

老子對後世的另一大影響，是他的「反智主義」。他說「美與惡，相去幾何」，分別萬物的知識，都是無用的；治天下要絕智棄辯，自治則要寡聞以守中。他自信地說，「聖人不行而知，不見而明」，不出門而坐知天下事，因為那些事都能推想而來，沒什麼值得親臨的。好學的是二等人，忙於每天增加自己的知識，一等人的目的，是每天減少自己的知識，最後達到絕學無憂的美好狀態。萬一不幸，知道了些什麼，也不要說給別人聽，因為一開口便是無知，不說話才是真知。

老子同情弱者，反對強權，他的理想社會，是小邦寡民，如同原始部落。可惜考古學的發現，使我們知道，石器時代，人們的生活很悲慘，活不多久，就遍體鱗傷地過世了，老子想像的「甘其食美其服」的快樂，那時的人，並沒享受到，不然，人類怎麼會有邁向文明的興趣呢？

老子是出色的智者，但他當不能料到，後世竟以他的主張，為不求上進的藉口。他的智慧，後人沒有用來啟迪自己的心智，反倒用來辯護自己的懶惰。一本《老子》書，不過幾千言，文字也漂亮，但你並不用看，因為你已經看過了，——老子的思想，早已滲入你我心中。何況，老子本人，是不會提倡讀書的。

老子對後世的另一大影響，是他的反智主義。他說「美與惡，相去幾何」，分別萬物的知識，都是無用的；治天下要絕智棄辯，自治則要寡聞以守中。

# 不讀《論語》

《論語》是令我迷惑的書。也許是因為我們太熟悉了當代的分類法，也許是我們理解的學術，是由各種演進著的概念堆搭而成，——孔子有許多頭銜，其中的一些，稱呼起來不用猶豫，另一些，就沒那麼穩當了，比如，沒有形而上學背景的哲學是哲學嗎，孔子是哲學家嗎，他是倫理學家嗎，或乾脆，孔子是思想家嗎？這最後一個問題尤其粗魯無禮，但我知道，不只一個人有這樣的疑問。我們習慣於在體系中思想，一種沒有體系的思想，似乎就不是思想。後代的思想者的思想，大半由前人的思想激發，但我們不妨問自己，大半由個人經驗激發的、使用未經特別定義的概念的思想，真的是不可能的嗎？當然不是。

要瞭解孔子，沒有比《論語》更可靠的書了，事實上，它幾乎是唯一可靠的。我希望有這樣的版本，把《論語》中孔子的言論和弟子及他人的言論分開編輯，甚至分成兩本小書。《論語》中，有弟子們的許多高見，有的如此高明，我們不停地引用，甚至忘了那些並不是孔子的教導。但是，如果把這兩部分對讀，哪怕是不那麼敏感的讀者，也能發現，這些弟子與他們的老師，有一種氣質的區別。這些弟子，並不是頭腦都不如孔子，也不是缺少深思，但他們是拘謹的，受教於人的，像在別人家做客，無論如何也比不上主人舉止自如。

《論語》是隻言片語組成的書。越讀《論語》，我們越好奇的，是為什麼孔子會成為百代的導師。他教給我們什麼？他教給我們在實際生活中，什麼是好的或正確的，什麼是壞的或錯誤的，在各種場合，我們應該怎樣做，當不能決定時，什麼是我們的道德基礎，——但就這些嗎，這聽著像是我們的父母曾經做過的事，或我們將要對子孫做的事。難道孔子僅僅是個人生導師？

我將要做的一個比較，可能許多讀者不會喜歡。我想請出的一個人，是莎士比亞。

一代又一代的人，在納罕①什麼造就了莎士比亞。不像孔子，莎士比亞沒受過很好的教育，沒有很高尚的文字趣味，對歷史的瞭解來自亂七八糟的通俗作品，對當時世界的瞭解也是同樣來源，甚至更糟，來自酒館裡的誇誇其談。他的日子也平淡無奇，地位低下，一輩子忙於生計。就這樣一個人，一個類似於今天寫電視劇本的傢伙，如今被我們目為天才中的天才、偉人中的偉人，他寫的台詞，被一代代人引用，——如果莎士比亞在一件事上說了一句話，那麼，沒有人再費同樣的腦筋，去琢磨怎樣說得更好。他是說得最好的。

孔子也是如此。這幾天裡，不知不覺中，我把他的某一句話引用了好幾次。他說過的話，總有機會在特定的場合在心裡跳出來，好像他等在那裡，等著你想起他的話。在這一點上，他和莎士比亞一樣，給了我們最好的表達，並通過流傳，減輕了我們頭腦的負擔。除非有特殊的發現，這些表達總是現成的，可靠的，可以放心借用。

只是如此嗎？當然不是。使莎士比亞的表達成為永恆的，是他的洞察力。孔子也是如此。使言詞如此有力的，不是修辭技巧，而是他看到了，而且明白了。如果每個現象都有一個把手的話，他們這樣的人，就像出於本能，一伸手就把它提將起來，而我們凡人，苦惱終日，也找不到那個把手。非凡的智力以如此親切的方式流露出來，配以廣博的胸懷——對人類境遇的廣泛同情——我們怎麼能不讚美他們呢？

《論語》不是板起面孔教訓人的書，也不是教我們如何生活的書。對我們正在遇到及將要遇到的實際問題，《論語》不提供答案。我知道這是本被評說得最多的書，我知道許多人指望在《論語》裡找到解決麻煩的辦法，對這些讀者來說，《論語》倒可能是製造麻煩的書，如果他們在讀《論語》時鬆懈了對世界的不信任。是的，活在自衛中的人，不適合讀《論語》，正如一個不對自己提問的人，不會明白孔子提出的問題比他回答的要多得多。實際上，有許多了不起的讀物，都在紙面後面，隱藏著主人的真意，那不是能買到的，也不是可以偷到或搶到的。如果作者不喜歡你，他便說得少，或竟什麼也不說。

1　編註：出自《紅樓夢》，感到納悶、驚奇的意思。

# 不讀《孟子》

孟子生在鄒城，死在鄒城，沒什麼爭議，未免令當代人失望，因為對古代聞人，大家喜歡的，是生得糊塗，死得曖昧，各地的愛地者，才可以紛紛聲稱某某就葬在本地，有戶口為證，或者某某就是我們這兒某村的人，昨天我還和他的一百代孫吃茶下棋來著。古宅於是乎新建矣，旅遊於是乎開發矣，人民於是乎有幣矣，——而孟子不曾野生道死，弄得大家無法分一杯羹，好不掃興。在今天的人眼裡，賣不到錢的東西，就不是東西，是不是因為這個，人們對孟子失去了許多興趣？

我以前數次攻擊孟子的思想，其實，我對孟子本人，是非常喜歡的。在我心目中，孔子之後的先秦諸子，若論人格高尚、誠實、善良，沒有比得上他的。閉上眼睛想孟子，出現的是一個愛激動的老頭，心眼兒好到極點，頭腦簡單，經常被別人氣得哆嗦。

說孟子頭腦簡單，並不是說他膚淺，否則就是無視他的思想中談心性的那一大部分。我們知道，孟子一直拿他的倫理學當政治學用，他的政治哲學，是要還原到個人的，完全不像是一種社會理論，所以當時售不出去，但論其源本，仁義比起天命來，更接近真正的合法性——同意。孟子的理論是，大家都做好人，好社會自然生矣。那麼，為什麼大家都有能力做好人呢？因為性善。為什麼大家非得要順這善的本性？做點壞事，不也很舒服嗎？如果好人不得好報，為什麼還要做好人？這就涉及最深刻的道德動機了，孟子談心性，就是要把道德的最終動機，建立在我們心裡。

我最敬畏孟子的，是他堅定的義務論。孟子，從社會理想，到哲學範疇，和孔子離得並不很近，但道德上的義務論主張，是這二老高度一致的地方。這會引來一個問題，那就是，古代中國尊孔尊了那麼多年，儒生主管意識形態那麼多年，道德主義盛行了那麼多年，而實際的狀況是，義務論色彩越來越稀薄，到後來只剩一張皮，真正執行的，是用戒條偽裝起來的越來越澈底的功利主義。

明儒劉宗周說：「君子之學，慎獨而已矣。」這是孟子之學的要點。「慎獨」意味著道德上的完全獨立，不受他人評價的左右，只對自己內心的道德呼喚負責。一方面，中國的道德哲學中，這是最深刻、最個人化的一種；另一方面，也是最不能給社會提供倫理基礎的一種。儒學內含的反社會性質，在這裡也最明顯，最接近道家。這確實是一條內聖之路，但有幾個人能實現呢？所以明人一邊大講自省，一邊任由社會墮落，因為群己之間，這種理論並未建成一種聯繫，個人的道德退路，並不是社會的倫理出路。何況，自己做自己的上帝，果真能提供「雖千萬人吾往矣」的道德勇氣嗎？

現在中學課本裡，頗從《孟子》中選了幾段。有意思的是，那篇選自《告子下》的〈魚我所欲也〉，列在初中課本裡，而高中課本裡，選的是〈孟子見梁襄王〉之類談仁政，思想簡單的幾篇。也許選編者以為義利之辯太初級了，只適合初中生思考，也許相反，以為高中生經驗漸多，而孟子的義利之說，同我們的生活經驗格格不入的地方太多，容易造成課堂混亂吧。

但這是一個每人遲早都會問自己的問題，這涉及我們每天的選擇。我們無法完全接受孟子的道德方案，那麼，我們的道德方案是什麼呢？總得有個方案吧？

孔孟並尊，而他們的社會主張，並不一樣。他們氣質相通，生活的年代不一樣，對自己的時代的評價不一樣，假如孔子活在孟子的年代，大概也要少講些禮，多講些義。孔子哲學，不是為失敗的社會準備的，孟子是。我們現在欣欣向榮，大家滿心歡喜，一路狂奔，恨不得二十一世紀趕緊過完，三十一世紀馬上趕到，這是不是多講孔子，少講孟子的另一個原因呢？

要強調的是，仁政云云，是孟子思想中最不成熟的一部分。他的偉大價值，那使他當之無愧地成為孔子思想中涉及個人那一部分的發揚者的，在他對個人感受的強調。他是儒學裡的一顆炸彈，可惜磨洗千年，引信已經磨掉了，現在供在聖廟裡，苦著一張臉，正有「辱己以正天下」之憂。孟子談人生是內行，談民生是外行，而今讀《孟子》談民生，就是買櫝還珠了。

# 不讀《墨子》

有一個著名的問題，是中國的文明，在兩千多年前就已很成熟，為什麼卻一直沒有發展出科學體系？在嚴謹的歷史學意義上，這個問題並不成立，因為歷史並不存在什麼法則，能夠讓現象必然地產生或不產生。還有其他幾種文明也曾相當成熟，也都沒有從內部產生出科學，科學的種子曾撒落在許多流域，但多數土壤，並不能使其開花結果。與其把科學視為人類文明的應有之義，倒不如把它看成是我們的好運氣，這雖然也粗疏，卻比前一種說法，更合實際些。

這問題雖不嚴謹，卻意味深長，所以有很多人討論。論者必然要提及的一個人物，是墨子。孔子歿後，墨子是當時最有影響力的思想者。墨家徒眾，遍布南北，並且內有組織，有點像教團，一直到戰國時代，還很興旺，《墨子》中最讓人感興趣的文字，便是戰國年間寫就的。傳世的《墨子》中的一大部分，是後學們的文章彙編，另一部分的作者還無定論，也許是墨子本人，也許仍是他的後學。

墨子早年接受的是儒家教育，後來另有想法。先秦政治學說的共同特點，是他們的社會設計，都以個人為出發點，卻又都不回到個人上。明顯的傾向，是說人都如何如何，天下就好了。墨子講兼愛時，顯出很強的推理能力，但仍在時代的風尚之中。他的政治學說，自然重要，但有點像儒學的另一個版本。今人對《墨子》興趣濃厚的主要原因，在於書中的另一種內容。

《墨子》中有幾篇，成於戰國時期，後世統稱《墨經》。先秦諸子書中，《墨經》是最難讀的。它的文字太簡略了，——別的書，文字也簡略，但我們熟悉那言說的背景，所以讀起來並不吃力。《墨經》辯說的背景，早已十喪其九，而作者在當時，只是大略記一下提綱而已。感謝清朝樸學家的努力和近代科學的映照，現在我們知道《墨經》在說什麼了。

《墨子》有一句話，「知，接也。」知是智識的意思，接，便是接遇萬物。比較一下孟子「萬物皆備於我」的態度，便知其區別。儒家的特點，是對人事之外的物理世界漠不關心。孔子至少還想著「多識於鳥獸草木之名」，他老人家的弟子，說起人來，一個比一個勤快，說起物來，一個比一個懶。墨家的學風是辯論，辯論多了，發現一大部分惱人的分歧，來自缺少一致的定義。《墨經》一項重要內容，就是下定義，定義的物件，有當時流行的一些範疇，如仁義禮智忠孝，等等，也有抽象的概念，如體、端、久（時間）、宇（空間）、窮、盡、同、異，等等。有日常行為，如睡覺，做夢，利害誹譽，功賞罪罰，也有物理世界中的一些事情，如什麼是方，什麼是圓，什麼是二物相接，什麼又是相似。

《墨子》書中的定義，已有一種傾向，即從物理角度解釋一些事情，如說「中，同長也」，便是。比這些零星的發現更重要的，是墨家的方法。儒家是很了不起的，但若和他們發生辯論，一定十分痛苦，因為他們既沒有、也沒有習慣去遵守簡單的邏輯準則。《墨經》一再強調，不同的事情，不能放在一起類比，比如，我們會說夜晚長，也說樹木長，也說智多，也說米多，難道就可以去比較「木與夜孰長，智與粟孰多」？

出於辯論的需要，邏輯學在墨家中發展起來，然而，遺憾的是，墨家的邏輯，說服不了那些不講邏輯的人，只令自己在與對方辯論時加倍的不愉快。

這樣一個富有生氣的學派，在中國兩次大一統完成之間，也便是秦始皇到漢武帝的兩百年裡，消失了。《墨子》也從讀書人的架上消失了，本來，它有可能澈底失傳的，幸有道家，誤把墨子拉入自家陣營。即使如此，一千多年裡，沒幾個人讀過《墨子》，沒一個人讀得懂《墨經》。唐朝的韓愈是讀過的，但一看他寫的讀後感，我們便知道，他完全不明白《墨子》的要義。便是這樣，俞樾還誇讚說「乃唐以來，韓昌黎外，無一人能知墨子者。」因為別人還不如韓愈。

二十世紀，風氣又變。一本被遺忘了兩千多年的書，忽然被拿出來證明我們對好多事情都「古已有之」，——仍然是「萬物皆備於我」的態度。《墨經》中一些已不可解的地方，也被強解了，如「儇」條，說的什麼意思，誰知道呀，現在已被解釋為切線定理了。科學不熱墨學熱，是墨家的幸，還是不幸呢？這是無法斷言的；所敢於斷言者，是拋棄者若裝得像沒事人一樣，當屬臉皮太厚。當此之時，不讀《墨子》，乃是對墨子最好的紀念。

# 不讀《莊子》

把莊子和老子劃歸一派，是漢代文、景之後的事。有點奇怪的是，司馬遷也隨著大流，說莊子的思想本於老子，以攻擊儒墨為長，——以司馬遷的遭遇，讀莊子，正該感慨萬千，引為先聲，何以有此論呢？

先秦諸子，若從立場來分，有兩大派。兩派的共同點，是對社會現實不滿，覺得這也不對，那也不對，自己不舒服，別人也不舒服，滔滔者天下皆是。不同點，是一派，要用自己的綱領改造社會，所謂狂者進取，如孔、墨，以及後來的名法之士，都是這樣。另一派，更多著眼於個人感受，厭惡權力本身，所以對前者的社會理論，打心眼裡不信任，覺得那只是將惡改良，至多是將兇惡的權力，換成好一點的，何況——如為後來的事情所證實的——也未必好到哪裡去。

老子，實際上是第一派的。他對個人處境的論述，啟發了莊子，但兩個人的旨歸，畢竟不同。在莊子，改造社會是無意義的，因為社會本身，便是個人的對頭，至於政治，「方今之世，僅免刑焉」，一涉足便成大恨，躲還躲不及呢。

一個人，處在他不滿意的社會環境中，何去何從，一直是古代哲人的大惑。是默默忍受，還是挺身反抗？是自保高潔，遠離是非，還是跳到渾水裡，想讓大舟轉向？是單騎獨行，不以事功為期，還是招良聚莠，以惡抗惡？個人的力量極為渺小，集體又汙濁，何棄何取？一個人對社會的義務，有無限度，這限度又在哪裡？圓滿的無趣，與破損的生動，哪個更值得爭取，人生的意義，有無可能延伸到人生之外？

與莊子差不多同時，有一位孟子。孟子的格言是：「自反而縮，雖千萬人吾往矣。」孟子的道德勇氣，光耀千載，如能再多一點反省，就更好了，一邊仗義直行，一邊對自己的「義」，不斷反思，庶免勇猛過頭，以百姓為芻狗。儒家的道德文章，都是好的，就是以先師的主張，為理所當然，不但自己不驗證，也反對別人驗證，離先賢的本意，也越來越遠。而在莊子看來，以禮義繩天下，或以社會理論改造社會，那發生在後來的，乃是必然。

與莊子同時，還有一位屈原。若請莊子說屈原，一定會論為值得同情的反面教材。好好的一個人，非要以身試法，豈不愚蠢？但在屈原看來，自己是高陽的苗裔、楚國的貴族，對國家有義務，不容逃避，他又有政治理想要實現，「亦余心之所善兮，雖九死其猶未悔。」所以秉道直行，不惜身殉。在《離騷》中，屈原最後說「算了」——「已矣哉！國無人莫我知兮，又何懷乎故都！既莫足與為美政兮，吾將從彭咸之所居！」但實際上，我們知道，他最後還是一條道走到黑，「伏清白以死直」了。

除了取捨不同，性情兩異，屈原和莊子的一大分別，是屈原追求的，是一種政治或社會方案。《離騷》中有一句話，叫「眾不可以戶說」，而「戶說」，正是莊子做的事。莊子哲學是個人的，並不包含社會的解決方案，前儒或拿莊子書，邊翻邊罵說，瞧，大家都如此，還有國有家麼，怎麼得了，這便是責人以其所無了。朱子說莊子「只在僻處說活」，是的，莊子確實不像儒者那樣，說什麼都是一囫圇，既然談的是個體生命，自然在彼此之間。他的思想，若當社會思想看，立顯幼稚、膚淺，就是當人生指導，可能直接導致「不譴是非，與世俗處」的犬儒主義，要是懷此兩種算盤，還是不要讀《莊子》吧。

荀子曾批評莊子，「蔽於天而不知人」，不知他在說這話時怎麼想的，因為他恰恰說反了。莊子思想對社會，固然是一種瓦解力量，但又何嘗不是使社會免於走到極端，人人自危的挽救力量？莊子的性格一定是極敏感的，因為戰國時，社會還大致鬆散，他死後兩百年，絕對國家大功告成，國家社會把市民社會擠得更扁，莊子連後者都忍受不了，若活在這時，無處藏身，也許會另有一番嶄新的說法。

活在這時的是司馬遷，已如前所說，陷入政治方案的迷局。莊子是不懂政治的，不過他談國家政治的話，偶爾也精采，如《雜篇．則陽》中的「匿為物而愚不識，大為難而罪不敢，重為任而罰不勝，遠其途而誅不至」，正是作威作福的法門。

# 不讀《孫子》

後人看春秋人打仗，會笑；春秋人看後人打仗，會哭。春秋時，天子在上，雖然管不了事，諸侯國也因此不能合法地吞併別的國家。戰事的目的和規模都有限，軍隊由有身分的人組成，這樣的戰爭，有點像決鬥，未必要置對方於死地。到了孫武的時代，古舊的戰爭規則正在瓦解，原因之一，是諸侯的火氣越打越旺，仇恨越積越多；原因之二，是兵源擴大了，農民和社會地位更低的人都被徵召入伍，成為步兵；第三個原因，是新起的國家，如孫武從事的吳國，都來爭霸，這些國家，不久前還被中原人視為蠻夷，遵守舊的規則，對他們來說，是既無趣，也無利可圖的事。

不管政治家如何說，戰爭，對任何社會來說，都是一種將道德水準向下拉的力量。在戰爭中，人有機會做很高貴的事，但同時，欺騙，殺人，以及別的無數種不同尋常的行為，都是允許的。平日裡要被擲石頭的事，在戰爭中，國民要為之喝彩，那麼，道德所需要的普遍性基礎，必然要動搖。成熟的社會，自能平衡這種力量，而不至於每打一次仗，就墮落一次，但這種平衡，也不總能成功。

《孫子兵法》，是本了不起的戰爭教材。孫武子的事蹟，我們知道得不多，但他一定是位出色的智者，因為他的戰爭經驗，就史籍可見的來說，並不十分豐富，那麼，他的推理和想像的能力，當超乎常人。先秦子書中，傳為格言的句子最多的，除了《論語》，就是《孫子》十三篇了，特別是現在，好多人在記誦其中的警句，希望學到點什麼，好去占別人的便宜。

在當時，《孫子》雖未必是專為吳國寫的，卻特別地適合吳國的情況。我們不能說《孫子》定義了一種新型的戰爭，因為《孫子》的論述，集中於戰術方面，而在此之前，春秋的戰爭，已走偏鋒。但實際地來看，《孫子》確實拆掉了一些枷鎖，那些希望可以在戰時為所欲為的人，快有好日子了。孫子之後的戰國時期，戰爭變得野蠻，而蜂出的兵法，沒有孫子的智慧，卻遠比孫子更重視智術。

後代或有批評孫子的，以為他強調的兵不厭詐，對世道人心有所侵蝕，甚至有人說：「兵流於毒，始於孫武乎？」這不公平，因為孫子只是戰術家，那些戰爭之外的事，怪不到他頭上，而且他從未主張無節制的戰爭。戰爭必然是殘忍的，如何把戰爭的風氣和社會風俗隔離開來，不是軍事家要考慮的事。兵以詐立，是戰爭的格言，至於把它奉為日常生活的指標，那是眾人的問題，和孫子無關了。

《孫子》是本好書，是一本講戰爭的好書，不過它的絕大多數讀者，一輩子也沒上過戰場。很多人說，官場如戰場，或說，商場如戰場，如戰場的，還有情場、賭場、劇場、考場、球場、機場……總之除了引力場、磁場，什麼都是戰場。人們這樣說，不外乎想豁免自己的道德責任，通過把自己想像成前線的兵士；他們讀《孫子》，也不見得是真需要從中發現鉤心鬥角的智慧，——這個，人們早已有了，讀讀《孫子》，只是給自己的行為找個來頭，說起來好聽，想起來輕鬆。

所治癒下，得車愈多，是經常的，但長遠來看，還沒有過一個國家，靠耍這種聰明，來達到可靠的成功。破壞規則者最先得利，但「我能往，寇亦能往」，回火是遲早的事。歸根到底，用在人事上的心思，從來也沒有給人類帶來實際的福祉。如果一個社會中，最出色的頭腦所鑽研的問題，既非外物，也非自我，而都是些人際之間的長短是非，那麼這個社會的成員，要實際而非想像地生活得越來越快樂，是沒指望的事。

便是在戰爭中，智術也不是制勝的關鍵。文明社會，經常被野蠻人的騎兵沖得七零八落，儘管文明人聰明，懂得好多花樣。《三國演義》的讀者都會奇怪，諸葛亮總打勝仗，但蜀國的形勢，卻在同時江河日下。《三國演義》很多地方不合正史，不過這個道理倒不偏。

為什麼說不讀《孫子》呢？曰不用讀。咱們這裡，人人都是兵法家，至少現在是這樣；在兵法盛行的社會裡，不懂兵法的人，早已把基因還給上帝，澈澈底底地絕種了。不用讀《孫子》，我們就已經擁有了使別人不幸福的種種智慧，至於如何使自己幸福，可以參考這條格言——它沒有寫在任何一本書裡，只寫在一切書裡：別人的不幸，就是我的幸福。

# 不讀《周易》

《周易》在中國的歷史，實可謂心智的痛史。一本無辜的書，在幾千年裡，被欺騙和自我欺騙縈繞，被浸泡在反智的肥料中，生長為參天的愚昧之樹，蔭蔽著文明社會中反文明的古老動機。

古人重鬼謀，因為在他們生活的世界裡，不可解釋的事情，遠多於已知的。殷人看重的，是用甲骨來占卜，那時也有用蓍草來進行的筮占，草比龜甲易得，地位便低。周人起於西陲，不得已而重筮法，等到他們滅亡了殷商，發動文化改造，筮占的地位升高。西周的筮師，把占筮所得的兆象和解釋的話搜集起來，擇精編次，使成一書，便是後人說的《易經》了。

《易經》裡有兩項內容，一項是卦象，一項是筮辭，卦象排列整齊，對今天來說，只是小學生水準的數學遊戲，對上古人來說，倒也妙趣無窮。至於筮辭，大多東一榔頭西一棒子，一半的原因，是陸續採擷，來源非一，另一半原因，是筮師要把話說得儘量含糊，多歧義而莫名其妙，才容易在事後自圓其說。筮辭的這個特點，後來被大大地利用了。

後世占卜的花樣很多，有占夢的，占物的，占星的，占風的，占打噴嚏的，占耳鳴的，用棋子的有《靈棋經》，用牙牌的有《牙牌訣》，用三枚銅錢的有《火珠林》，用五枚銅錢的有「金錢卦」，再加上扶箕，靈杯，抽籤，測字，讖緯推背，六壬遁甲，戲法不同，各有參考書，《易經》說到底，便是這樣一種參考書，只是它成書極早，周人能編成這樣一本書，也算了不起，其文獻地位不容懷疑。

但故事僅僅才開始。後人不思進取，面對紛繁萬象，既不動手，也不動腦，反向古人處討說法，特別是淺學而堅信之人，或以一己之見，硬坐為古人立言之意，或竟不求知而求不知，不積累知識而積累無知，直至痴人說夢的無上境界。他們中間的老實人，當真相信《易經》裡實實在在地蘊藏著日從東出，水向西流，萬物化生，以及自己的不幸命運的終極解釋。

世界上最愚昧的事，是允許自己處在愚昧中。假如我們同意，對廣袤世界最少經驗的古人，擁有最好的解釋，那麼，我們也就同意了，理性的目的是迷信，知識的目的是混沌，不可積累的高於可積累的，無可驗證的優於可驗證的，而且，我們還同意了，文明的方向從一開始就前後顛倒，是從終點駛向起點，其意義至多是保持人類的壽命，使其有時間達到古人已經達到的境界——愚昧。

《易經》只是《周易》的一半。另一半，通常稱為《易傳》的，成篇於戰國時代至前漢，是先哲解釋《易經》的文字。《易經》裡沒有哲學，《易傳》裡有，雜糅著先秦好幾家學說，意思平常，但文字漂亮。那時附《易》立說的論文，有許多種，今本《周易》裡的，是其一部分。

《易傳》開了一種風氣，後人追踵，有了易學。論者或說，易學中的哲學，不容忽視，而且中國的古典哲學家，鮮有不研究《周易》的。那麼，對中國哲學的發展，《周易》豈不大大有功？這等於在說，文王拘而演八卦（當然，這只是傳說，不可信），那麼，禁錮對《周易》也有功了。中國哲學確實和易學關係緊密，但它從這種關係中受益何在？我們不能說，沒有了《周易》，那些頭腦就要停止思考了，我們倒是看到，從漢代到宋明，無數智力浪費在封閉的構造裡，而且，《周易》的結構，在周人那裡，是原始，在後人那裡，便是幼稚，中國古典哲學經兩千年而不脫稚氣，誰能說和《周易》沒有關係呢？

《周易》無辜，出了毛病的是我們的知識傳統。《周易》這本書，若在書架上找，百中無一，若在人心裡找，萬無一失，傳統中的反智特性，對我們浸淫之深，已到了令人不自知的程度。更令人氣沮的是，事實和邏輯，這兩種我們以為最強大的力量，都不足以動搖《周易》的信徒，因為他們所信奉的，恰恰是要忽視事實和邏輯。對半信半疑的人，若要相勸，也只能訴諸日常經驗，比如請他思考，在他相識的人中，喜歡說《易》的，恰是那些誠實而頭腦清晰的人，還是相反？

所謂「不必讀書目」，針對的只是日常閱讀。治學者自然要讀《周易》，但對普通讀者來說，沒有另一本書，是像《周易》這樣，不讀而不必心不安理不得的了。

# 不讀《太玄》

世界是怎麼發生的？我們的先民，在地球的各處，都有同樣的追問。這是十分可欽佩的，因為先民的日子辛苦，吃不飽穿不暖，還有心情思考如此本體的問題，文明之發生，果然不乏動力。先民既無物理手段，知識體系又極簡陋，所以其解釋，或托以神話，或訴於玄想，是極自然的。人類在知識的童年期，亦有童年般的興趣，就像我們小時候，也會把這問題向父母發問。但通常，我們得到一個答案，如「是個老伯伯用泥巴捏的」之類，便覺心安，以後年齡大了，把這種興趣拋開，轉向實際的事務。在這一方面，面對「遺傳」這一永恆問題的古人，是該有點不好意思的。

兩三千年前的哲人，共同的傾向，是認為世界的發生，如同世界的結構，是由簡生繁。他們的任務，是定義一種或幾種因數，能夠順理成章地推論世界萬象。如果把這種簡化工作，比為競賽，先秦的哲學家，無疑走得最遠，因為無論是《老子》的混成還是《易傳》的太極，都是不可形容的本體，沒有物理屬性，而且——在嚴格的意義上——也沒有哲學屬性，因為它與其說是邏輯的起點，不如說是知識的終點。

不論它叫元，還是道，還是太一，太易，虛廓②，溟，都指的是那時空之外的非物之物。這萬物之母何以要誕育世界，推動力在何處，難道是遺世獨立得煩了，有一天忽然決定，要無中生有？對此，秦漢哲學並沒有解釋，這是稍可奇怪的。

當揚雄加入競賽時，這本體已經有了幾十種名字，而且漢人還想像出許多種發生的細節，說得有鼻子有眼，好像世界化生時，自己就在旁邊看著。揚雄也講了一個故事，但他並沒有在此多費精神，他的野心更大，要給世界創建一個完整的索引，物象人事，如何運行，都歷歷可查。

西漢末期，很出了幾位才智之士，揚雄是其中一位。有人認為桓譚比揚雄智力更高，大概是的，不過揚雄以勤補拙，成為當時最洽聞多識的人。我們在他身上，可以看到兩種傾向，一種是重視實證，認為知識是要積累的，如他寫《方言》，真是下了工夫，另一種是對智力的自信，以為哲人的明理，高於世俗之人的實際知識。他寫過一篇《琴清音》，是談音樂故事的，而他對音樂，本是外行，精通樂理的桓譚說「揚子雲大才而不曉音」，大概就是對揚雄的越界氣不過，但在揚雄看來，哲理就是樂理，至於音律，懂也罷，不懂也罷，對哲學家來說並不要緊。

《太玄》是這後一種傾向的極致。這書的體例是模擬《易經》，道理是發揮《易傳》的，並不太玄。我說「不讀」云云，實屬多餘，因為本來就沒幾個人讀它，應了劉歆「覆瓿」的預言。我甚至不打算介紹這書的內容，因為實在找不到辦法，可以形容它而不讓讀者覺得無趣。當時有人嘲諷《太玄》「費精神於此，而煩學者於彼」，雖是俗人俗話，卻離實情不遠。

這是要替揚雄遺憾的。因為揚雄「默然獨守吾太玄」的精神，十分可敬，他不慕榮華，不顧時議，泊如於自己的精神世界，乃是真正的哲人氣質。他的哲學本身對後世的影響並不大，但他的哲學野心，對本體的關心，對普遍性的熱戀，使他遠高於俗儒了。

揚雄喜歡的一句話是，「貴知我者希」。這話是老聃說過的，但在揚雄這裡，又別有意味。可惜他的《太玄》，古板而幼稚，不能給他增光。《易》的基數是一二四之類，揚雄作《太玄》，要另尋一套，百思不得其解，這時他九歲的兒子揚信，建議他使用「九」這個數，——這個故事完全可信，因為這種數位結構，確實只是兒童的遊戲。所以一方面，我敬佩揚雄的精神，另一方面，又遺憾於他受到《易經》的拘限，未能展開才能。先儒為《易經》所誤的，有好多人，有的人，不誤於此則誤於彼，沒什麼可惜的；也有的人，頭腦出色，就很可惜了，揚雄便是。

在實際生活中，揚雄有一件事做得不好。王莽的時候，揚雄被牽連進一起案子。揚雄正在天祿閣校書，聽說來人收捕，便從樓上跳了下去，幸好天佑哲人，沒有摔死。但跳樓求死，過去是沒有的，如紂王在鹿台，火燒眉毛了，也沒有跳下去，便是想不到之故。揚雄一躍，乃啟綠珠之殞，又傷富士之康，實在是開了惡劣的先例。如今社會和諧，而未臻十全十美，揚雄總該負點責任吧。

2 編註：天地未形成時的狀態。

# 不讀《堯曰》

《堯曰》是《論語》中的一篇，這一篇的首章，通常稱為「堯曰章」的，歷來有人懷疑未必是《論語》本文，——若不是有這一點不清不楚，以我對孔子的畢恭畢敬，哪裡敢在《論語》頭上動土呢？不讀《堯曰》云云，只是個題目，說的是先秦至漢代關於堯舜的傳說，只是當時人的政治理想，不可以信以為史的。

堯舜的傳說，周代文獻中常見。最近新發現的「清華簡」③，其中有一篇《保訓》，是周文王的遺言，談到舜的事蹟，「不違於庶萬姓之多欲」，果然是有德之君。如果《保訓》是真的（這意味著我會輸掉一個打賭），它就是對舜的最早記載了。

《保訓》也罷，孔墨也罷，戰國人講的各種故事也罷，在裡面，堯舜代表著古人的理想政治，不妨混稱之為以德治天下。堯舜本是庶人，因為道德好，百姓歸之如流，哭哭啼啼，求他做君主，等到死了，人民如喪考妣。當時也有若干大人物，因為心眼壞，百姓避之如避寇仇，結果這些人失掉權力，下場悲慘。

孟子喜歡拿堯舜，還有別的幾位有德之君，來鼓勵君主行善。如他說商湯，「東面而征，四夷怨，南面而征，北狄怨，曰：『奚為後我？』民之望之，若大旱之望雨也」，還有比這更動人的場面嗎？人民如你我者，日盼夜望，等待堯舜這樣的聖賢，來做主子，細一想，也是挺可憐的，換一種跪姿，便自以為站起來了。

如從兩面觀，其一是，堯舜的傳說，寄託著古人對強權的不滿，用道德來抗衡強權，雖然力量上不成比例，至少是發自社會的良心。至於背後的問題——道德就能賦予一個政權合法性嗎？有德之人就應該獲得對他人的控制權嗎？是現代人要考慮的事，而先秦古人，走一步說一步，生民困苦如斯，先解燃眉之急，也不用想那麼遠。

現代政治學者，研究權力如何發生才是合法的，大都認為應以同意為基，人們把自己的權利讓度出來一部分，以換取社會合作。這是一種邏輯次序，而非歷史的次序。

在歷史上，從最早的神權，到後來控制分配，通過戰爭來建立國家，這也管那也管，種種權力，哪有一點是同意而來？

堯舜的年代，在中國即將進入文明的前夜，離農業的出現，已有五千年上下了。有了農業，一個人的工作，養活自己之外，竟有相當的剩餘，財富於是發生，強權於是出現。但如果沒有戰爭，族群內的公權，就算落入一人之手，對眾人的威脅也不算很大，因為這種權力的幅度，和後來的相比，連小巫也談不上。

可以想像兩個不同族群的領袖，什麼會給他們帶來最大利益？那就是打一仗。若從效果來看，戰爭簡直像是領袖之間的共謀，當然，這不是實際的情形，實際的情形是，戰爭是自然發生的，而且經常由小人物的衝突引起，你搶了我一隻羊，我偷了你一隻鹿，仇恨積攢，衝突漸烈，然後兩位領袖各自站到高處，一個說，我們難道要忍受這個嗎？他們要奪走我們的信仰，我們的糧食，把我們趕到寸草不生之地；另一個人說，他們要殺光我們的男人，讓我們的女人替他們生孩子。兩個部族群情激憤，獻糧獻力，為王前驅，任何有異議的人，都被憤怒的人們用石頭砸死了。仗打完了，國家有雛形了，就算是勝利一方的人，本來想搶幾個俘虜的，自己卻成了奴才，權力一旦交出，再也收不回，自由一旦喪失，夢也夢不到了。

堯舜正值國家發生之時，這個時代，必然是血腥的，充斥著鎮壓和征服，而成功者用道德和神意粉飾權力的本性，是所有君主都會的。善良的孔孟，特別是孟子，對強權的異議，被今天的人稱為民本思想，也不算是過分的恭維。只是民本不同於人本，當年人民是集體地被強權征服的，但要走回頭路，卻需一個人一個人地進行。如無個人的解放，大家一股腦兒、一塊堆兒就解吊懸了，是絕無可能之事。

我們現在重讀先秦諸子的著作，常覺溫暖，一批思想者，貨真價實地，關心人民的命運，他們思考的問題，在那個時代，已至極限，如無後來的思想大統一，孔墨莊荀的脈絡，當延伸到更遠，但君主明察秋毫，哪裡會讓這種事發生？漢武之後，堯舜，在孔墨時代尚為寓言的，就坐實為帝王的護身神，道德合法性的象徵了。

3 編註：北京清華大學收藏的一批戰國竹簡，簡稱「清華簡」。

# 不讀《論衡》

前儒非議王充，是因為他不正統，問孔刺孟，對聖賢不恭。特別是《論衡》裡的《問孔》一篇，專從《論語》裡挑孔子的毛病，如宰予白天睡大覺，孔子罵道：「朽木不可雕也，糞土之牆不可杇也。」王充對此寫了一大段，批評孔子說話太過分，而且聖人的話，不是可以隨便說說的，「聖人之言，與文相副。言出於口，文立於策，俱發於心，其實一也。」

這也有點過分。《論語》中孔子的話，不少是隨便說說的，如果他老人家按王充的標準要求自己，述而如作，一部《論語》，即使弟子們還編得出，也一定變得極其無趣。所以徐復觀譏評王充理解能力太低，對孔子的一些問難，近於胡鬧。

徐復觀寫《王充論考》時，海峽這邊正在評法批儒，王充正在當英雄。徐復觀的文章，要唱對臺戲，所以貶斥王充，未免過火一點。不過他對王充氣質的分析，很有意思。他說王充是一位矜才負氣的鄉曲之士，涉世落魄，而歸結於自己的命不好，所以持命運論，做官時被人舉報過，所以大罵讒佞，以儒生出仕，所以力詆文吏，身在主流之外，所以看不起博士，等等。

不管為什麼，王充不懼權威，事求證信，是漢代出色的人物，這一點，現在的人沒有不同意的。漢代董仲舒以後，儒生寫的東西，除一二子外，看來看去，無比氣悶。和他們比，王充是新鮮的，活潑的，使人微笑的（儘管他自己是個極嚴肅的人，從不開玩笑），難怪章太炎說漢代出了王充這麼個人，「足以振恥」。

我們再看前儒對王充的抨擊，說他自吹自擂也好，說他不孝也好，在現在看，這些都算不了什麼，更不影響到他的著作的水準。

那麼，我為什麼不喜歡《論衡》，甚至列為不必讀之目呢？一大原因，是書中的《宣漢》、《須頌》等幾篇馬屁文字。

儒生事必法古，固然毫無進步氣味，但在大一統局面已成、天下控於一人之手的帝制時代，三皇五帝天下太平那一套，竟是理論體系裡少有的制衡之一。儒生永遠可以對不可一世的皇帝說，你能比得上唐堯虞舜嗎？能比得上周文王嗎？堯舜時有鳳鳥河圖那些祥瑞，你有嗎？皇帝再狂妄，也只好說「朕不如」。王充對此不服氣，在《宣漢篇》裡說，「聖主治世，期於平安，不須祥瑞。」單獨來講，王充說的是對的，但他這麼說的目的，只是力證當代為太平盛世，「以磐石為沃田，以桀暴為良民，夷坎坷為平均，化不賓為齊民，非太平而何？」

王充竭力說明漢代比周代隆盛，盡而上擬堯舜之世，也沒什麼不如，甚至，「道路無盜賊之跡，深幽絕無劫奪之奸，以危為寧，以困為通，五帝三王，孰能堪斯哉？」

四十歲以上的讀者，聽到這幾句，或許覺得耳熟。三十一年前，曾有一篇《歌德與缺德》的名文，引起很熱烈的爭論。文中有名言云：「現代的中國人並無失學、失業之憂，也無無衣無食之慮，日不怕盜賊執杖行兇，夜不怕黑布蒙面的大漢輕輕叩門。」——當然，這並不是從《論衡》裡化來的，只是古今諛時頌聖之作，說來說去，總不出那麼幾句。

秦代時間太短，大一統的形成，說起來還是在漢代。前漢的讀書人，對此並不舒服。遠事不說，近在戰國，士無常君，國無定臣，士人或秦或楚，或宦或否，頗有餘裕，而在「野無遺賢」的漢代，一人決定一切，如東方朔所說，「尊之則為將，卑之則為虜；抗之則在青雲之上，抑之則在深淵之下；用之則為虎，不用則為鼠」，而且無處躲無處藏，這叫率土之濱，莫非王臣。

到了後漢，習慣成舒服。比較一下《史記》和《漢書》，最大的不同，是司馬遷還沒有改造好，班氏父子則已改造得差不多了。王充改造得更好，認為臣子當褒君父，天經地義。他起初的心思，頗求上進，寫《宣漢》諸篇，也是希圖傳到皇帝眼裡，皇帝一高興，召他「至台閣之下，蹈班賈之跡，論功德之實」，妙不可言。可惜他一生蹭蹬，養了一肚子氣，卻是向著他的競爭對手，當代儒生的。對皇家，他從來沒一點怨言。

現代讀者，讀《論衡》中那些褒功頌德的文字，覺得也平常，是因為我們見得太多了。在古代，這樣津津有味地頌聖，王充是開風氣的人。《論衡》書中，想皇帝之所想，急皇帝之所急的地方，比比皆是。王充是有思想有學問的人，但拿學術來保護皇權，實為一大發明。

# 不讀《爾雅》

《爾雅》成書於西漢，是中國最早的一部詞典。和別的詞典有一點不一樣，《爾雅》是按詞義和事類編排，把意思相同或相近的，放在一起來解釋，比如全書的第一條是「初、哉、首、基、肇、祖、元、胎、俶、落、權輿，始也」，便是說這些詞都表示起始的意思。還有一條是：「殷殷、惸惸、忉忉、慱慱、欽欽、京京、忡忡、惙惙、怲怲、弈弈，憂也。」我們讀了，未免要想，古人真是麻煩呀，形容擔憂，要有這麼多花樣，我們當代人形容快樂，還沒這許多詞呢。

《爾雅》之後又有《廣雅》，一本仿效《爾雅》的詞書，三國時的張揖編撰的。

《廣雅》是對《爾雅》的擴充，收錄的詞很多。如表「取」義的動詞，有「龕，岑，資，敚，採，掇，搴，摭，芼，集，摡，扱，摘，府，攬，撈，撟，穌，賴，攎，撩，探，抯，收，斂，捕，汲，有，撤，挻，銛，抍，掩，竊，剝，剿，捋，捊」等，表示「舉」的動詞也有二十幾個，表示「欺騙」的動詞也是二十幾個，表示「擊」的詞近六十個，如此等等，——這是幹什麼，為什麼要這麼細緻？我們只用一個「搞」，頂多再加個「弄」字，就什麼都說了嘛。

我們會想，古人真是有點傻（順便說一句，《廣雅》中表示「痴」的詞有十個，表示「愚」的詞近二十個），連飛機也沒坐過，卻有三十三個字形容「飛翔」。他們對事物，抱著一種什麼態度呢，為什麼要給瓶子起幾十種名字？平時咱們讀點古文，最頭疼的，就是意思相近，用詞卻花樣百出，據說各自有微妙所在，但誰有耐心去體會？現在的顏色專家也掌握些古怪的名字，咱們則只需知道紅黃藍白黑，如需進一步形容，則可說「有點黑」、「很黑」、「賊黑」，而《廣雅》呢，表示「黑」的詞有三十個，是不是因為他們心理陰暗呀？

語言，是越簡單越好呢，還是相反？這個問題，沒辦法一律地回答。當年掃盲，曾編寫十分簡易的課本，學生有不高興的，說：「我們只是不識字，又不是不會說話。」我們日常說話，可以有許多寫也寫不出來的方言詞，一旦提筆，這些詞不能用了，頓覺寒酸。如果有人提議把漢字減少到千字以內，複雜的句式一概禁止，大概會獲得多數人的支持的，因為那樣一來，大家就平等了。

這可能便是正在發生的事。我偶爾寫點文章，發覺可用的詞越來越少。一呢，是怪自己從小沒好好學習，掌握的字詞本來就少，後來天天向上，又忘掉一些詞彙；二呢，是越來越多的詞，被用得沒法用了。比如一個挺不錯的字眼兒，總有人不好好用它，今天給它塗點噁心，明天又把它拽到泥裡拖一拖，一來二去，等輪到我使用時，它已經混帶著許多不愉快的感覺，成了一個破詞兒了。可用的詞越來越少，正好省事，但我有點擔心的，是語言和頭腦，怕是一回事。我有一次摔到腦袋，半天有苦說不出，便是一種令人擔憂的證據。

還有輸入法。我也是用鍵盤寫字的，輸入一個字，後面有詞的提示。誰也不願意和自己過不去，不管心裡怎麼想，那些位置在前的詞，總有更大的機會，跑到文本上。

要知道，無數的人都在用同一種輸入法呀。那些位置在前的詞，不管多麼好，幾天後就變成了陳詞濫調，更要命的，這是別人替我們選擇的詞，或者說，是我們彼此之間，共同造出的語言環境，我們再也不用費心於遣詞造句了，我估計，再過些年，輸入法候選框第二頁往後的字詞，就從我們的語言中消失了；當然，它們也可以繼續賴在那裡，但是，誰瞧它們呀。

還有別的。比如說「微博」。微博我還不會用，但它的性質，我是知道的。微博是好東西，它對語言的影響，大概也不得了。幾十個字，還要大家來聽，勢必要追求響亮的表達。響亮，已經是當今語言的要義，你寫的東西，如果不能在一秒鐘內吸引別人的注意，就永遠沒機會了。所有那些微妙、曖昧、迂緩的表達，都要開除，只留下最直接、顯豁、誇張、咄咄逼人的，就像賽跑，耽誤事兒的一切，都放在筐裡，只不過這一回，沒人再回去取筐裡的東西。

# 不讀《內經》

讀到哲學的部分，特別是《素問》中那些大段的哲學講義，只好皺眉，因為在這裡看到的，是哲學對醫學的入侵，先驗對實證的干擾，冥想對觀察的蔑視。

對同時代的希波克拉底（Hippocrates），柏拉圖（Plato）雖也表示仰慕，心裡卻不怎麼佩服，因為在他看來，哲學家是一切知識王國的立法者，那些通過經歷、觀察、反覆實驗而來的知識，只是雕蟲小技；世界上只有一個問題，那就是「終極因」問題，零碎的知識體系，只是它的推論。也就是說，我們需要的，只是一個好的起點，和一個好的邏輯，坐在家裡，便能建造起可以無限龐大也可以無限精細的結構，世界萬物，及其運行的原理，無不包納，——萬一有裝不進去的，一定是那事物的錯。

古典哲學家，都有這種整體論的氣質，先搭一個容器，再來收納萬物，並分配給它們各自的屬性。古希臘如此，古中國也如此。比如過去有六臟之說，肝心脾肺腎之外，還有頭，但五行說入主醫學之後，多出一臟，不好安置，看來看去，還是腦袋最沒用，就把它去掉了。這五臟都搭配著各自的屬性，為五方，為五色，為五嗅，為五味，還有五聲，比如您要是笑口常開，可能是心有問題，要是喜歡唱歌，多半脾有毛病。

現在人們講醫經之祖，為《黃帝內經》。需要說明的是，《內經》託名黃帝，但和黃帝沒什麼關係，——也不能說一點關係沒有，黃帝神話，是戰國人編出來的，《內經》中最早的篇章，也是戰國時人寫的。我們見到的《內經》，是一本論文集，定型成書，大概在東漢，收入的文章，有戰國人寫的，也有漢人寫的，還有一部分內容，是後人摻入，成篇就更晚些。中醫學理論，這本書是奠基之作，它建立的天人模型，在中醫學裡面，是無法撼動的。

《內經》分兩大部分，一部分是《素問》，一部分是《靈樞》。其實，我們還可以把《內經》用另外的辦法，分為兩部分，一部分是經驗醫學，一部分是哲學。

《內經》提到，古人身體好，活到一百歲，其實，上古之人的平均壽命，至多在三四十歲。有了外傷內患，一點辦法也沒有，晚至殷商，國王武丁得了眼病，無術可治，只好去占卜，普通人則只能忍受痛苦。在成千上萬年裡，人們一點點積累起些藥物知識，是多麼的不容易，因為每一種藥物的發現，幾乎都是在絕望的驅使下，如非走投無路，誰會去嘗試那些味道可怕的礦物和草莖呢？

經歷了千辛萬苦，古代經驗醫學終於小有規模，剛擺脫了巫師，又吸引來了哲學家。哲學家注意到醫學的成就，迫不及待地賦予它一種理論。《內經》在後代的價值，和在漢代是不一樣的；在後代，人們更重視它的理論，至於裡邊那些經驗醫學的內容，具體的針法和方劑，倒鮮見沿襲。而在當時，一本醫書的價值，還在於它提供了多少治病的手段。馬王堆出土的《五十二病方》、《十一脈灸經》等，比《內經》是更典型的時代醫書。

我讀《內經》，讀到經驗醫學的內容，雖然不大懂，卻很佩服，因為那是在兩千年前呀；讀到哲學的部分，特別是《素問》中那些大段的哲學講義，只好皺眉，因為在這裡看到的，是哲學對醫學的入侵，先驗對實證的干擾，冥想對觀察的蔑視。魯迅批評中醫不講解剖，一針見血，兩千年裡，中醫學有了豐富的藥物知識，也發展了診斷術，但解剖學知識的積累，無法恭維，——《內經》醫學離人的生理有多遠，後世醫學就有多遠，而實際上，在有些方面，是更遠了，比如漢代醫生講的經脈，雖然未必盡合，卻意指一種實際的循環系統，後人講的經脈，其生理意義就大大地淡薄了。

解剖學之所以重要，因為它標誌著是否採取實證的方法，是否分析，是否驗證，是否對事物的實際面貌有興趣。古代醫學，在全世界的各個地方，包括中國、歐洲、印度，本質上相差不大，在這裡面，中醫學還是最發達的。而現代醫學，實際上並不是從古代醫學內部發展出來的，儘管它在解決同樣的問題。在古典哲學壓迫下的古典醫學，早已沒有了依靠自身的力量發展為一種實證知識體系的可能。

古時候的讀書人，往往也給人治病。叉手談臟象，並不太難，再背幾個方子，便亦儒亦醫了，稍下功夫，便可為名醫如傅山。但歸根到底，一個人有了病，是願意找柏拉圖，還是願意找希波克拉底呢？是願意找希波克拉底，還是願意找蓋倫（Galenus）呢？這不是用嘴投票的事。

# 不讀《三字經》

古代蒙書，有的書名也是親切的，像用糖果把人哄過來，然後對他說，監獄歡迎你，寶貝。比如有一本《小兒語》，作者聲稱「諧其音聲，如其鄙俚」，是專門為小孩兒編的，「使童子樂聞而易曉」，打開一看，卻是「一切言動，都要安詳，十差九錯，只為慌張；沉靜立身，從容說話，不要輕薄，惹人笑罵」等等；還有《小學詩》，總該是「床前明月光」之類了吧？卻是「自古重賢豪，詩書教爾曹。人生皆有事，修己最為高。」

不知內情的，會以為古代編教材者，和今天的人一樣，是恨小孩子的。其實不然。

至少，在古代拿《三字經》給兒子開蒙，比今天拿《三字經》訓子，更有慈愛之心。《三字經》有什麼不好？沒什麼不好。我們不能怪《三字經》裡邊的道理陳腐，那畢竟是好幾百年前的東西，換我們今天的類似教材（比如各種新編三字經），放上幾百年，豈止陳腐！我們也不能說古代的蒙書內容單調，它們是為古代社會而編的，你不能指望孔門四科裡有什麼物理化學。

如果說有什麼意見，那就是，古代的蒙書，幾乎沒有一種是供閱讀的（《二十四孝圖》或許是個例外）。有名的《幼學瓊林》，裡邊講了不少人事，然而是這樣講的：

王衍清談，常持麈尾；橫渠講易，每擁皋比。尾生抱橋而死，固執不通；楚妃守符而亡，貞信可錄。溫嶠昔燃犀，照見水族之鬼怪；秦政有方鏡，照見世人之邪心。

這是什麼？只有聽教師講了。古代的小學生，在達到能自己看《史記》的程度之前，沒有什麼故事可讀，而我們知道，讀故事是想像力的訓練，——幸好古人有祖母，會給孩子講些怪力亂神的故事，村裡有社戲，聲色俱全。

古人難道厭惡敘述的過程嗎？或許還真有一點。唐宋之際，最流行的發蒙讀物是《太公家教》，作者說編這小書，「討論墳典，簡擇詩書，依經傍史，約禮時宜」，幾乎是無所不包的寶典，結果呢，只有兩千多字，句子也只能如「巢父居山，魯連海水，孔明盤桓，待時而去」，便這樣，還被指為淺陋。做孩子，一大樂趣是翻開一本有趣的書，像進入一個新鮮的世界，那裡面的一字一句，都讀得心跳，這樣的樂趣，古時的孩子有嗎？我有點懷疑了。

古人給孩子提供的精神食糧，是壓縮餅乾。最早的《倉頡》《史籀》之類，四言一句，情有可原，因為那是識字課本。後來說故事、講道理，為什麼也如此乾巴巴呢？古代羅馬的年輕學生，可以讀到荷馬、米南德、維吉爾的改編段落，還把那些場面，自己一五一十地表演，我們為什麼沒有讓孩子讀……讀什麼呢，在有三國西遊之類的小說之前，還真沒什麼可讀的。

四字一句，還有人嫌多。朱熹寫過一篇墓誌銘，全篇三言，「朱氏女，生癸巳」云云，只用了四五十個字，就把人家的一生說完了。我不相信，寫作者如果對題目有任何熱情，會簡略如此。他的學生陳淳編的《啟蒙初誦》，全篇三言，是《三字經》

的先聲。為什麼用三言呢？他解釋說，兒童不能說很長的句子，——還有更奇怪的理由嗎？

後來就有了《三字經》了。裡邊的道理，和《太公家教》或更早的蒙書，大體一樣，只是每句少了一個字。可惜近代外力橫來，打亂了我國文化的進程，不然，顯然可以期見的，是會出現《二字經》，甚至《一字經》，直至大道無言的無上境界。

《三字經》是供背誦的，而問題在於，古代的教師，並沒有同時給孩子提供豐富有趣的讀本。但即便是用來背誦，背《三字經》也不如背些更複雜的文本，因為語言的訓練就是頭腦的訓練，只有複雜的句子，才能發展條理。有的人說一句話想半天，想出來的卻和前面的話不搭界，在我來看，此人如非領導，就是他小時候的塾師唯恐孩子不懂，只對他使用簡單句。

現在的孩子背背《三字經》，自然無傷大雅，因為他們有其他的讀物（儘管讀閒書的時間越來越少了），有電視可看（儘管那上面的人，越來越常作兒語），還可以打遊戲，裡邊也有對話（儘管沒人懂得說的是什麼）。

輯貳

# 不讀詩詞散文

古代文人，先是行為統一，然後是思想統一，最後連文風也幾乎統一了。

# 不讀李白

「大躍進」詩云：「李白鬥酒詩百篇，農民只需半袋煙。」話說李白的詩才，比起當代農民，自然是有所不如的了，但在唐代的詩人中間，他是頭一名。其實，整個古代的才人中，論起語感之好，文或是司馬遷，詩一定是李白；那些精確而有色彩的詞，在旁人或憑運氣，或反覆推敲而致的，在他只需一招手之力，好像那都是他的奴僕，一直服侍在旁邊。

不過，這裡要議論的，不是李白的詩才，而是他的性格。不妨想像，我們在宴席中初識到這樣一個人，氣派很大，嗓門也很大，一發言便說自己如何如何不得了，論家世是大姓望族，和帝王沾親帶故，又娶過宰相的孫女；論遊歷則南窮蒼梧，東涉溟海，天下值得一看的事物，沒有沒見過的；論輕財好施，曾在一年之中，散金三十餘萬；論存交重義，則有削骨葬友的故事；論養高望機，則巢居山中，養奇鳥千隻，一呼喚便來他手中取食；論起文學才能，更有某大人，曾拍著肩膀對他說，這小子真是了不起呀，又有某大人，對別人議論說，那小子真是了不起呀。他說的這一大篇，除一兩件外，或是誇大其辭，或是自己瞎編的，那麼，我們是打算喜歡這個牛皮大王，還是討厭他呢？

李白，第一是個理想主義者，第二，他的理想，又很膚淺。虛榮心是他全部想法的中心，他給自己描繪過的人生目標，除了做神仙，就是做一個被榮耀和奉承者團團圍住的救世者。他最喜歡想像的，就是自己倏忽而來，救人或救國於危患之中，又飄然而去，身後留下一大群痛哭流涕的感恩者。這種幻想，常把他自己感動得掉眼淚。

庸俗的宋人，時常批評李白的另一種庸俗，如蘇轍說他「好事喜名，不知義理之所在」。蘇轍說這番話，大概想到了李白應永王徵召的事，其實李白當年應玄宗征，也未必很合他對自己的描述，但詩人一接詔書，恨不得連夜收拾行李，他當時寫的一首詩，後幾句是：

遊說萬乘苦不早，著鞭跨馬涉遠道。會稽愚婦輕買臣，余亦辭家西入秦。仰天大笑出門去，我輩豈是蓬蒿人。

我們都知道小人得志的樣子；敢情大人得志，樣子也不很好看。李白上長安，「當年笑我微賤者，卻來請謁為交歡」，好不揚眉吐氣；雖然未得重用，但在他自己的描述中，卻不是如此。這番際遇，以後他一有機會必要提到，看來是視為人生的高峰了。另外，說起前引詩中的「愚婦」，他還另有一首詩，頗見心志：「出門妻子強牽衣，問我西行幾日歸。來時倘佩黃金印，莫見蘇秦不下機。」說起「蓬蒿」，李白一直瞧不起不立事功的人，羞與夷齊原憲這些人為儕，更不用說默默無聞的微賤之輩。

儘管如此，大多數讀者，包括我，還是打心眼兒裡喜歡李白。李白固有庸俗膚淺的一面，但誰不呢？只要庸俗得誠懇，膚淺得天真，一樣能招人待見。李白不能為人下，在我看來，這是可貴的品質，另一種可貴的品質，不欲為人上，李白這方面的成色如何，不是完全清楚，但看起來，他不像那種硬心腸、不擇手段的人，他的一些猛志，時不時地要讓位給自己的同情心呢，那麼，就幾乎沒有什麼，讓我們不覺得這個人雖然有點討厭，畢竟頗可親近的了。

要緊的是，李白是世俗幻想的代言人。咱們這些世俗之輩，平民百姓，自古以來一些零零碎碎的幻想，白日夢，一直在殿堂外面流浪，羞羞答答，找不到體面的描述，遇到李白，等於有了收容所。他的詩才，解救了他自己，也使無數普通人，用不著在形容自己的志向時張嘴結舌。

李白儘管愛吹牛，抒寫自己柔軟的感情時，是誠懇而不掩飾的，帶來了他最好的一批詩句，也給他帶來了女性讀者，——一個沒有女性讀者的詩人，簡直就算不上詩人。我曾經向四個人詢問，最喜歡李白的哪一首詩，只有一個人答了一首豪言詩，兩個人喜歡他感性地描寫自然的詩句，一個人喜歡他寫愁緒的詩。我想像中的接受比例，也恰好如此。

# 不讀李賀

曾有那麼個時代，詩歌鋪天蓋地。我們在報紙的二版或四版上看到一兩首詩，毫不覺得異樣，也不把目光挪開。我們讀詩。他們寫詩。那時候，一個人可以大大方方地自稱詩人，不用擔心周圍的人會一哄而散；一個丈母娘，對女兒嫁給了詩人，也不覺得大禍臨頭。——這些並不是發生在幾千年前，幾百年前，或海外仙山上的事，而就是三十年前，我們國家的事。

三十年。發生了什麼，改變如此之快？是這個民族精神上已豐腴有加，不再需要詩歌的滋潤，還是減肥成功，容不下那些短行的贅物？是應該怪罪你我這樣的人過於志得意滿，看不起所有細膩的感受，還是該褒獎製片人和廣告商，提供熱烈的公共消遣，使我們有好多理由，沒有一點時間，和自己廝混？也許，這個現象不過是某個進程的附屬品，而那個進程，大家都知道，正把我們這一大群人，改良為綽綽有餘、作作有芒、振振有辭、津津有味、全無心肝的成功人士。

《春秋》責備賢者，如今是冬夏，那就責備弱者吧。我們的白話詩人，一百年來，越來越不在乎鍛煉語言，而如果詩歌只是用日常語言，表達日常情感，還有誰不是詩人呢，本土的茹爾丹④準要說，原來我已經說了四十年的詩了。須知，精緻的表達不一定是詩，但詩一定得是精緻的表達呀，精緻的表達加上非常的感受如「縱做鬼，也幸福」者，才是我們想看的，相反，「在城裡幹活不僅要流汗，還要用腦子」這種日常加日常的妙句，再偉大也不太像是詩。

我們對詩人的期望很高。語言即頭腦，語言的豐富就是頭腦的豐富。突破日常語言的樊籬，詩人是先鋒；所以我們熱愛詩人，因為如果沒有楚辭，中國人的世界要少掉一半色彩，所以我們容忍詩人，因為哪怕是最失敗的語言實驗，產生出最可惡的作品，也有可得鼓勵的地方。

李賀那些最雕琢的詩章，不妨看作是他的語言實驗。在李賀的詩裡，我們可能更喜歡「東家蝴蝶西家飛」之類，平實而不失巧妙，不太喜歡「一方黑照三方紫」之類，用力過甚，但李賀的價值，倒在後者。語言如何能夠調度我們對感覺的記憶，如何通過巧妙的安排，在讀者頭腦中刺激出新鮮的畫面，不實驗怎麼知道呢？

我們最早接觸李賀，是在中學課本裡。課本選的，都是李賀成功的作品如《金銅仙人辭漢歌》、《雁門太守行》、《李憑箜篌引》。早些年，我曾有一種意見，以為中學課本裡也許不必選入李賀的詩，免得引導學生寫得過於纖。那時，我還覺得選朱自清的文章，不該取《荷塘月色》和《綠》，正如不推薦李賀「綠波浸葉滿濃光」那種用力的方向。

但時過境遷，現在我覺得，學生於修辭上用心，不管什麼方向，都是好事了。看看我們現在的報紙、我們的網路，然後，最可擔心的，看看我們的作家，對語言沒什麼敬重，而據說，這樣的漢語，還要推廣呢。如果頭腦乾枯、想像力缺乏可以傳染的話，還有比它更好的載體嗎？而所謂巧妙的文字，一大主流，是將詞放在本來不該在的地方，像是把材料胡亂扔到坩堝裡，冀在讀者頭腦中自行反應，——萬一產生出什麼奇妙的物質呢？哪怕是爆炸也好。

實際上，李賀也有過類似的努力，但實驗和混鬧還是有區別的，我們知道李賀是如何苦吟。他前後左右，都有詩人用雕嵌的法子寫詩，並不都成功，畢竟，拼命去表達腦子裡的印象，拼命去掩飾腦子的空空如，其結果只在最表面上才相似，有經驗的讀者，一眼就可分辨開來。

如此說來，對李賀詩歌的態度，就有點複雜了。一方面，不希望漢語在他的方向上，走得太遠，另一方面，又想推薦所有的詩人，讀讀李賀，特別是他那些名氣不大的篇章，就當是去看看古代的詩人，有多麼盡職盡責，或還可以幫我們想起一種塵封已久的情感，叫羞愧。白話漢語作為書面語，是吃著激素成大的，拿我自己來說，寫起字來，極少有得心應手的時候，總是絆絆磕磕，踉踉蹌蹌。我自己已經絕望了，便指望別的作家，寫出新的條理。不管怎麼說，要馴化這頭不勻稱的巨獸，除了作家，我們還能靠誰呢？祕書？記者？如果漢語的規範形成在他們手裡，大家也都可以閉嘴住手了。

4 編註：茹爾丹（Frantz Jourdain），比利時建築師、文藝評論家。

# 不讀王維

中國畫最感人的一個主題，是將人與自然界的關係圖寫為極富詩意的場景，或渡頭落日，或墟裡孤煙，或江中漁火，或隔浦人家，青溪盤繞的柴門，紅樹遮掩的山窗，霧曉的舟子，雪夜的騾夫，等等。

為什麼這是感人的？為什麼我們覺得這些畫面優美而富於意味，那意味又是什麼？為什麼「青溪千餘仞，中有一道士」令人神往，改成「青溪兩千仞，中有二道士」便成了笑話？與其尋求枯燥的答案，不如繼續欣賞古人的用心。最典型的山水畫面，我以為是在王維的半首詩裡：

不識香積寺，數里入雲峰。古木無人徑，深山何處鐘。

山水詩和山水畫，起於六朝，復興於唐。和六朝的亂七八糟不同，雖然經歷了安史之亂，王維的時代，仍可以稱為盛唐，國家高歌猛進，人民欣欣向榮，那麼，王維、孟浩然、儲光羲這些人，對個人命運及社會狀態的看法，如此暗淡，是不是多少有點奇怪呢？

和眾多的儒士一樣，王維年輕時，也是奮發向上的，從他受張九齡的汲引而做了右拾遺，到九齡南貶，也就在兩三年的時間裡，王維對政治的興趣，如同青年人的熱情，迅速冷卻。但政治挫折並不足以解釋他後來的立場，他和當時的一批士人，發自內心地厭惡被賦予的社會使命，對政治和倫理生活失掉興趣，早就發現傳統的為儒家所描繪的天下圖景，乏味到毫不值得嚮往。

王維自己的理想國，與其說在真實的山水之間，不如說是在想像之中。他幾次退隱，又都復出，他厭惡人際的紛擾，又受不了貧窮和寂寞，他自稱是清正的人，卻不得罪每一位大人物來往，不論那人是李林甫、李輔國，還是安祿山。用他自己的話說，世事浮雲，何足關心，所以虛與委蛇，心不在焉，便解除了舊有的道德責任，不為禮法所累了。

對意趣相近、卻保有節操的幾位前人，他有所批評，或者說，藉批評以自辯。洗耳的許由，不解至道，解印的陶潛，忘大守小，至於嵇康的抗爭，在王維看來，更是毫無意義，「頓纓狂顧，豈與俯受維縶有異乎，長林豐草，豈與官署門闌有異乎」，人事中的善惡，既無分別，出處去就，也便無所謂了。

徹徹底底的犬儒主義，與對合理生活的美好嚮往，就這麼結合起來了。在後世，更加明顯，一個人只要把自己想像為理想主義者，便可以心安理得地做一個現實主義者了。山林之思，一直是士大夫的隱身草，幾乎沒有一人，不是一有機會，就圖山詠水，如單看那些詩文，你會奇怪，古代中國，怎麼還找得到肯去做官的人，何況為之打破頭乎。

王維想像中的山野，能將人洗淨，使無所不安，又是友好的道具，給空虛賦予意義。王維學佛，得一空字。有意思的是，他，以及後來的一大批人，將空寂的概念，從哲學下拉到實際生活，這固然不是錯誤，但也足為遁術了。

王維的畫沒有流傳下來，世傳的幾幅，都不可信。據說他喜歡畫「雪景，劍閣，棧道，騾綱，曉行，捕魚，雪渡，村墟」。在蕭瑟的環境裡，人的活動，彷彿回到本來，構成與自然界的單獨關係，雙方共演一齣默劇，還有比這更美好的事情嗎？天才的力量便是如此，王維描繪的清靜世界，那是上帝也造不出來的。

「獨坐幽篁裡，彈琴復長嘯。深林人不知，明月來相照。」自憐自惜如此，誰不願意誦讀呢？我熱愛王維的詩，也豔羨他過的日子，借用宋人的評論，是富貴山林，兩得其趣。看來用不著雲霞俠侶，鳥獸朋群，便在人倫中，也可安擁世外之思，辦法之一，就是讀王維的詩。

在另一首詩裡，王維寫道：「日夕見太行，沉吟未能去。問君何以然，世網嬰我故。」世網攖掛，沉吟難去，所以要歌式微而寫空林，以冀明月之一顧。王維畢竟是有遠志的人，後人無王維之志，行則百倍不堪言，來遷之餘，畫一大山，中置一峨冠而貌類君子者，曰此我也，此我心隱處也。明月有光，寧照此物耶？

# 不讀韓愈

古代文人，如果寫得好一些，現代人就叫他文學家，——這也無所謂了，反正「文學」裡早已什麼東西都有，猶如文聯裡什麼人都有。是的，文學早已被普遍理解為帶有「文學性」的文字，而「文學性」，聽起來不知所云，但據說實有其物，可以在「只盼墳前有螢幕」這樣的詩歌裡或小說裡找到，也可以在說明書或廣告詞裡找到，正如行家可以在鄉下的藍門簾子或上古的瓦罐上找到「藝術性」一樣。

麻煩的是，如果我們討論古代的文章，不知道是拿文學的尺子，還是修辭的尺子去衡量。比如今天要說的韓愈，是一位修辭大家，但頂著文學家的帽子。如果去摘這帽子，好多人要不高興，若在帽子下說事，又將對韓愈不恭，該怎麼辦？

韓愈的詩，前人也不都覺得好，如王夫之說他的詩「以險韻、奇句、古句、方言，矜其輳之巧，巧誠巧矣，而於心情興會，一無所涉，適可為酒令而已。」不過，韓愈的散體文章，極少有人說不好的。

後世文人讀古文，寫古文，是高雅的事，其所謂古文者，不是典謨訓詁，甚至也不是左國史漢，其根源，尤其是心法，倒在韓、歐那裡。我們看一部《古文觀止》，韓愈一個人的文章，收了二十多篇，再看今天大家用的成語，來自韓愈的，有一百多條，比來自《詩經》的還多，便知他的影響之大了。

當年韓愈力倡古文，心中的對手，往近裡說，是當時浮華的文風，往遠裡說，是六朝文字。韓愈不唯不喜六朝人的駢體，更不喜歡的，是六朝人士，在他看來，言不及大義，駁雜無方，用今天的話說，思想太不統一。韓愈寫了不少端正人心的文字，但深思窮理，並非他的所長，在道統中，他只是個打手，比之孟子，猶遠不如，講起道理來，捉襟見肘；但在另一方面，他竟真做到了整肅文風，一於正道，實有秦皇漢武之功。

六朝文字真的那麼糟糕嗎？遠未見得。一部《文選》中，很有意思的文章，至少有幾十篇。那麼，韓愈及以後的「古文」裡，能寫到那麼有意思的，有多少篇呢？照我看，一篇也沒有。

韓愈在文法修辭上下過苦功，深通拗折矯變之道，可以把一件家常道理，翻過來，掉過去，說得十分充分，不容辯駁，也可以把一件極無趣的事情，說得津津有味。那麼，如果用來說有趣的事，豈不錦上添花？可惜的是，讀韓文訓練出來的人，能保有什麼好趣味嗎？我深表懷疑。韓愈使之臻於極致的是，無詩意也可以為詩，無趣味也可以為文，丁點兒道理也沒有的，照樣理直氣壯地講理。他的文體，簡單地說，是庸人的救星。

他自己也想寫得有趣一些，而且頗為用力，詩如《嘲鼾睡》、文如《送窮文》之類。我讀韓文，最怕讀到他老先生「幽他一默」的地方，實在是尷尬。

近古文人，不管有無想法，有無見識，有話可說或無話可說，隨隨便便都能作出一堆詩文來，或無病而呻吟，或病於甲而呻吟乙。這是訓練來的功夫，應予致敬。如果確有事要寫呢？——韓愈真正露出裡子的地方，是他主撰的《順宗實錄》。這部書，在後世的評價不太高。甚如近人李慈銘者，痛罵《順宗實錄》，由罵文章而及於罵人，說韓愈「端人而急功名，俗儒而能文章者也」。

我的看法相反。我覺得韓愈的作品中，《順宗實錄》（裡面的文字並不都出自他手，但一大部分當是）是最好的。沒有那麼多的身段，樸實許多。他的日常文章，陳言雖少，陳意太多，所以寫得大巧若拙，用力掩蓋這樣的事實：我其實沒有什麼可說的。

古代文人，先是行為統一，然後是思想統一，最後連文風也幾乎統一了。文風只是餘事，只是證明文化階層完成其最後的墮落，必在文化。古文即時文，考場外的八股。考場裡的八股是不得已而作，考場外的八股，不能不作。明清間也有所謂文學革命，但恰如農夫夢見自己當了皇帝，無拘無束，想吃什麼便吃什麼，然而吃什麼呢？想了半天，只想出個炸醬麵。

韓愈的文章寫得好不好？好。要不要看？不看。好文章為什麼不看？曰好文章不得其人而看，不一定是好事。他的修辭和文法，後人盡已繼承，上過中學的人，當早熟悉了；沒理攬三分的手藝，連沒上過中學的人也早熟悉了，不用遠遠地跑到文公那裡及門親炙。

# 不讀四六

我的意見是，當代人，不要用文言文寫整篇文章，就算是覺得腹中的學問多得裝不下，溢到了嘴裡，寧可強咽回去，也別幹那荒唐事。至少，要做到三不寫。家裡但凡還有一斗米，不要寫；就算是家裡斷糧了，沒人拿槍指著腦袋，不要寫；就算是家裡沒米了，且有人拿槍逼著，但寫起來踉踉蹌蹌，捉襟見肘，那就死也別寫。

近年高考作文，有用文言的，雖然七竅只通六竅，也博個滿堂彩。看來，在許多人心目中，文言文是「貴族文體」。但這死去的書面語，太難鼓搗，不是多看兩遍《聊齋》，就能有心得的；一不小心，畫虎不成反類犬，貴族沒當上，倒成了門外的小廝，豈不虧哉。年輕學生好奇，不能責備，有身分的作家學者，則應小心，哪怕是事有不得已，也當另想別的應對，以免寫出「重重悲歡歸於楓葉，滔滔故事凝於靜穆」、「高山仰止，焉敢班門弄斧；名樓擴建，確需新手操觚」這樣歌詞不像歌詞、廣告不像廣告的句子。這兩例都是對偶句子，後一個更是四六句的格式；北朝的魏收說過，「會須作賦，始成大才士」，但那是一千五百年前的事，如今文體繁多，要諛時頌聖，法門千千萬萬，何必非得用文言呢，何必非得用駢體呢，寫成這樣，豈不是不著四六？

四六是駢體的另一個名字，因為多用四字或六字句，自南朝的徐陵、庾信之後，更是慣用四六句間隔作對，便如前面「高山仰止」那個例子。駢體文，因為太講究形式，從唐朝以來，一直是批評的對象，以致現在的學生，只知韓柳，不知有徐庾。賦體文章，中學課本裡是有的，但據我所見，選的多是宋人改革文體之後的賦，如《秋聲賦》、《赤壁賦》之類，雖然有些對偶和押韻的句子，本質上還是散體。作為魏晉南北朝主流文體的賦，畢竟是一代之文學，在課本裡卻不怎麼有。

駢體文的缺點之一，是這種平行的文體，幫人腦子變懶，功夫用在字面的聯屬，而不是多想一步，比如蘇彥《秋衣長》中有這麼兩句：「時禽鳴於庭柳，節蟲吟於戶堂；零葉紛其交萃，落英颯以散芳。」表面看，對偶的前後句子，各說了一事，其實後者受制於前，前句一寫出，後句跟隨而上，並不需要想像事物的實際情形。

儘管如此，我還是主張中學課本選幾篇魏晉南北朝的賦體文章。漢語是單音節語言（起先亦曾是多音節的，但那是很早很早以前的事了），又失掉了大部分輔音尾，急促而硬，文章要順口，得在聲音上多下點工夫。隋朝有一位叫李諤的官員，上書請禁浮華文風，批評齊梁文章「連篇累牘，不出月露之形，積案盈箱，唯是風雲之狀」，說得不錯，然而他老先生這兩句，恰是駢體，看來漢語本身的一些特點，對文體的影響，不容易對抗。為什麼小孩呼帽為「帽帽」、襪為「襪襪」，為什麼《詩經》裡有那麼多的重言詞，為什麼漢語的雙音詞在使用上壓倒了單音字，我們的語言，需要不少的羨餘，才說得好聽，寫得好看，這是沒辦法的事。

儘管古音流變至今，差別已經很大了，但六朝賦文，仍然是最好的訓練，幫助我們處理漢語的聲色，感受形式之美。中學語文中的文言閱讀，自然不是要教學生寫文言文，甚至也不只是告訴學生哪些是「好文章」，——還有一個重要的事，是培養語感，積攢語言的材料。漢語在這些年，先是被暴力的粗砂磨了又磨，又給改成速食盒，隨用隨棄，——不敢說漢語在退化，但我們這兩三代人，語感確實是在退化，當此之時，讀一點六朝文字，雖然它過於妍冶，雖然它過於繁富，也許另有一種糾正之功呢。何況，賦體文章的鋪敘，並不都是廢話，窮極聲貌，需要在物件前多停留一會兒，而不是掃上一眼，立刻就聲稱「我知道了」。曹子建《臨觀賦》「進無路以效公，退無隱以營私；俯無鱗以遊遁，仰無翼以翻飛」，這樣的句子，或能幫我們有志於充分的表達，而在充分的表達後面，是頭腦從容地處理材料。無論是描述，還是思考一件事情，匆遽不一定是聰明，哪怕是在網路時代。

# 不讀文藪

魯迅說：「唐末詩風衰落，而小品放了光輝。但羅隱的《讒書》，幾乎全部是抗爭和憤激之談，皮日休和陸龜蒙自以為隱士，別人也稱之為隱士，而看他們在《皮子文藪》和《笠澤叢書》中的小品文，並沒有忘記天下，正是一榻糊塗的泥塘裡的光彩和鋒芒。」

魯迅提到的這三個人，正是讀書人遭逢末世，掙扎出路，同一類型人中，三種結局的代表。這三人的共同點，就是腸中有熱氣，自己已狼狽不堪，猶以天下，斤斤為念，而不肯笑一笑說，隨他去吧。其實晚唐文學，可觀的地方尚多，魯迅下此斷語，正是壯志未酬身已老的時候，看身邊的景象，未免有些急火，所以舉此三人，大概是看中了他們對世務的不能釋懷吧。

這三個人中，最執著的，是羅隱。羅隱一共參加了十次貢舉，為了成名，把自己的名字也改掉（他原先叫羅橫），十次之後，「我未成名卿未嫁」，還不洩氣，天下大亂，猶流連不歸，直到老了，才想到「年年模樣一般般，何似東歸把鉤竿」，又聽了算命先生和賣飯老媼的勸，掉頭回鄉，果然峰迴路轉，遭際了割據東南的錢，羅隱的才學，比禰衡要高，錢的胸懷，比黃祖要寬，君臣相處得尚好，對羅隱來說，吳越的局面，雖然不算大，但把眼睛擠小些看去，也是一棚天下，他一直漂泊無依，窮慣了的人，老來終於生活安定，這晚來的福氣，也頗可寬慰詩人的詩心吧。

許多文人的一種包袱，在陸龜蒙那裡，從一開始就沒有，——他家裡有錢。他也應過舉，也入過幕，見勢不妙，抽身就走，換上別人，如果家徒四壁，未必能像他那樣進退自如。和皮日休一樣，陸龜蒙也是以天下為己任，幻想力挽狂瀾的人，但他的牢騷，只有半肚皮，還空著一半，放些使自己舒服的事，我們看他寫《耒耜經》，編《小名錄》，知他從容不迫，非只是因為有點家產，還得說，他的性格，不像他人那麼執拗，多少有一點貴人氣，不肯把臉送上前讓人家打。他最有意思的作品，是《散人歌》和《散人傳》，所謂散淡，按他的理解，就是若即若離，不為守名之筌。《散人歌》裡說，在一個黑白顛倒的時代，個人是無力的，只好把注意力分散開，「語散空谷應，笑散春雲披，衣散單復便，食散酸鹹宜，書散混真草，酒散甘醇醨」，總之，不可把自己賠在裡面。

皮日休又是一種命運。他出身寒門，沒有退路，只能如許多唐代文人一樣，四處干謁，作為進身之階。因為姓氏稀罕，他第二次應進士第，就被人家挑中，給他在榜尾掛了一個名，這番運氣，比之羅隱，是好很多了，然而後來他的不幸，和這進士的頭銜，大有關係。他有一搭沒一搭地做過一點小官，又做到太常博士，偏不得清靜，先有王仙芝，後來黃巢，攪得天下更亂，那黃巢，更是把他劫到軍中，做起翰林學士來。翰林學士，是專業的文學侍從，唐代詩人，最喜歡的著落，李白、白居易，都做過的；到了晚唐，職權更重，禮遇更親，離宰相也只一步之遙，對有些政治抱負的皮日休，尤其對心思，不料他果真做上翰林學士，卻是在黃巢那裡，不知他是該哭，還是該笑。皮日休的死，有兩種說法，一說是被黃巢處死，一說是被唐朝的官軍處死，一代才人，不得善終，可悲也夫。

三個人都是才子，又都關心世情，羅隱的才氣最高，三個人中，他的詩文最好看，警句多，議論痛快。陸龜蒙學問最好，也最會玩，花樣百出，將智力均勻地分布到各種事物上。皮日休最合傳統的正道，和韓愈氣質接近，而韓愈有的一點小滑頭，他卻沒有。《文藪》是他的自選集，裡邊的議論，同他為人一樣，很是迂腐，現在讀來，只好為他歎氣。

皮日休只有過幾年舒心日子，那是在蘇州，他同陸龜蒙結為好友，詩酒往來。他倆唱和的詩，《文藪》中有一點，但要看全，還得向皮陸的《松陵集》。在文學上，《松陵集》常被後人批評，因為它太閒扯淡之故。但詩歌不幸詩人幸，讀者的感受，同當事人的，那是很不同的了。

# 不讀桐城

這還用說嗎，不少讀者連桐城派這名目都不熟悉，怎麼會去讀它？但不知道名目，不見得沒受它的影響。舉桐城派而言之，不過是因為他們將對文章的一種理解，說得圖窮匕見，而這種理解，至少從唐宋以來，是文論的主流，化身繁多，迄至今日。清代的桐城派，特其一種面目耳。百年前新文學運動，自以為打倒了所謂「選學妖孽，桐城謬種」，孰料這邊方在慶賀，那邊早借屍還魂，真個是八股不朽，桐城萬歲，陳錢諸人地下有知，做鬼也不幸福吧。

桐城派我們若不熟悉，唐宋八大家，或聽說過，那和桐城派，是一種東西；唐宋八大家若不熟悉，就回憶一下自己在中學語文課的經歷，或看一下孩子的語文課本，那裡面的講解，和桐城派，仍是一種東西。課本裡選的，除一二篇外，確實是好文章，但教師（以及教他們這樣講的人）做的，是將文章視為一種器物來研究。好比一把椅子，又漂亮又能負重，我們便想它是可以複製的，只要知道了技法；所以要研究如何量尺寸、下木、做榫等，加以練習，自己也能做出一把椅子。以這種態度看待文章，結果就是語文教育失敗失敗再失敗。今天文章寫得好的，都是從別處得來營養，語文教育界攘其功而歸諸己，未免皮厚。不信看看高考作文選之類，據說都是範文，中學教育的成果，可有一篇像樣？這些學生以後當然還有機會寫好文章，不過得靠自己再來讀書，此外，還得把中學裡學的文章做法之類忘掉。

桐城派的荒謬之一，是歸納筆法、竅門之類，從劉大的十二貴到林紓的十六忌，統統都是鬼話，但老實人往往上當，以為熟記了這些尺寸，便能寫好文章。舉一個例子。《漢書》有一段，記有妄人說長安監獄中有天子氣，漢武帝相信，便派人到各獄誅殺囚犯，至丙吉臨時負責的一個監獄，丙吉閉門不納，使者回去告狀，「因劾奏吉。武帝亦寤，曰：天使之也。因赦天下。郡邸獄系者獨賴吉得生，恩及四海矣」云。林紓講「用筆八則」，說「郡邸獄系者獨賴吉得生，恩及四海矣」便是所謂的頓筆，「就文理而言是頓筆，就文勢而言是結筆」，班固頓得好，所以「神光四射」。其實班固只是在述事，哪有什麼筆法不筆法，林紓的鬼話，我們現在讀了，自然不信，但它的變形，正在如今的中學裡氾濫，教出來的作文，怎麼能不矯揉造作？

林紓編過一套大陸中學國文課本，在一百年前風行過，選的第一篇，便是方苞的《原人》，接下來是姚鼐的兩篇，——這兩位，是桐城派的一將一相。林紓卻從不肯承認自己是桐城派，——這不要緊，桐城派而不肯承認的，現在還多著哩。他的文章，按自己的理論來寫的，借陳獨秀的一句話，是「搖頭擺尾，說來說去，不知說些什麼」；他也有寫得好的，卻是譯筆，違反了自己的主張，反倒活潑起來。

桐城派最不好的地方，還不是穿鑿說文，而是他們劃分所謂「形式」與「內容」，物序也罷，義法也罷，道藝也罷，說的都是一個意思，以為語文是單純的表達，被表達的在心中或別的什麼地方，所以要寫得好，需分別努力。作為分析工具，這二分法有時有用，但解釋思想的過程，仍然穿鑿，因為我們無法離開語言來思想，也無法離開語言來發現自己的感受，好的語言，與好的頭腦，完全是一回事，至於把想法寫下來，需要一點文法修辭，不過是與人談話的藝術，對豐富的頭腦來說，是水到渠成之事，且與自言自語中產生的想法，並不在一個過程之中。朱熹曾賭咒發誓地說，「今日要做好文章，但讀史漢韓柳而不能，便請斫取老僧頭去」，——若寫古文，不讀史漢韓柳，營養確實不夠，但讀了史漢韓柳，就能寫好文章麼？萬萬不是，如果一腦袋糨子，即使賣盡身段，寫出來的，至多是糨子。

桐城派人的文章也有寫得好的。這些好的，為什麼好，他們自己也不明白。桐城派說文，說來說去，好文好書到底從何而來，對他們來說仍是個謎，智盡辭窮，就使出老手段，歸諸「神氣」之類的玄妙，甚如姚鼐，說「文章之原，本乎天地」，已近乎撒賴放潑，不值與之計較了。

# 不讀袁枚

我喜歡袁枚的，不是他的雅韻，是他的俗調。袁枚厭惡理學的不近人情，他自己的俗，便成挑戰了。比如雅人據說是要逃名的，而袁枚是好名的，最喜歡說別人被他的詩感動得一把鼻涕一把淚的。

他常提到鄭板橋，還講過一個故事，說他們見面二十年前，鄭板橋在山東聽說袁枚死了（當然，那是誤傳），頓足大哭。這件事，鄭板橋沒提過，鄭板橋的朋友也沒講過，——當然，不能據此就說沒這個事，也許有，也許沒有，也許是見面時鄭板橋的玩笑話，袁枚裝糊塗，故意當真，——總之，誰知道呢。鄭板橋是錯哭過一次的，確也是他在山東時，但哭的是金農，而金農和他是同志，且相識十來年了。

鄭比袁大二十來歲，兩人本不相識，直到兩淮鹽運史盧雅雨虹橋修禊，有名無名的文人，來了無數，袁枚從杭州趕來，見到了鄭板橋。從頭到尾，他們只見過這一面。

那次，板橋送袁枚兩句詩，「室藏美婦鄰誇豔，君有奇才我不貧」，口氣微有調笑之意。除此，鄭板橋留下的文字，沒提過袁枚。板橋的名氣已經很大時，袁枚還在上升期。若干年後，板橋已歿，袁枚成了詩壇大佬，再提起鄭板橋，口氣就變了：「板橋書法野狐禪也，……亂爬蚯蚓，不識妃，以揠苗助長之功，作索隱行怪之狀……」

袁枚常受到兩方面的攻擊，一方面，是說他傷風敗俗，沒學問，等等。風化的事，與詩無涉，置之勿論，至於學問，可用袁枚自己的話來反駁，「考據家不可與論詩」。在今天看來，袁枚的「鄭孔門前不掉頭，程朱席上懶勾留」，是他的好處。

另一方面，又有人批評他行止不夠堅定。這就有點複雜了。南宋大詩人陸游，曾和韓侂胄交往，為他寫《南園記》，道學家群起攻之。袁枚評論說，按宋儒的意思，「必使侂胄鏟盡善念，不許親近一正人」，才是壞人本色，而正人又之要視侂胄為洪水猛獸，避之唯恐不遠才行，正是這種對人性的狹隘理解，啟迪了明代的黨禍。

袁枚的意見，是很合人情的。但他又在別處說，大聖孔子，乃古之周旋世故者，最會察言觀色，體貼人情。嵇康箕踞，就未免太驕矜了，所以要思「聖人之所以處世，而勿效名士之覆轍」。

這是不是有點鄉愿呢？也未必如此，不過，袁枚對這個關節很敏感，比如，吳敬梓《儒林外史》稿成，袁枚讀到了。《儒林外史》對文士的諷刺，可謂刻骨，但並沒有針對袁枚的地方。袁枚皮袍裡藏著小，對號入座，看了極不舒服，到處說吳敬梓的壞話。吳敬梓知道了，上門找他理論，袁枚知道吳敬梓口辯功夫了得，不敢攖其鋒，閉門不納，然後回信，說了些亂攪的話，什麼「雖不見如見，雖見如不見」，什麼不見客是「藏己之拙，養人之高」，等等。提到《儒林外史》，他說：

> 朝廷清明，賢者在上，不屑者在下。邦有道，貧且賤焉，恥也，君子不惡其窮而惡其所以窮也。安得如書中憤忿語，以悖教而傷化哉。

意思就是說，你書裡寫的那些與世不偕而混得不好的人，是他們活該。

同樣的意思，後來他給程晉芳的信裡，說得更明白：

我輩身逢盛世，非有大怪癖，大妄誕，當不受文人之厄。

這樣的話，不似出自袁枚之口，恰恰出自袁枚之口。但評價袁枚，可以參考他本人的一個好見解：

孔門四科，不必盡歸德行，此聖門之所以為大也；宋儒將政事、文學、言語一繩捆束，驅而盡納諸德行一門，此程朱之所以為小也。

在泛道德主義盛行的古代，有這樣的見識，很了不起。孔子不也說過嘛，「有言者不必有德」，袁枚的讀者，盡可以只把注意力放在他的詩文上。

可惜的是，儘管以詩立身，袁枚的詩並不特別好，整篇出色的尤其少。我喜歡的，是他的一些警句，如「文士鐫碑僧鑿佛，萬山無語一齊愁」，「才子合從三楚謫，美人愁向六朝生」之類。他的文章，要比他的詩好，他的《隨園六記》，也比《隨園詩話》好看些。

也許他並不是天生的詩人，「自歎匡時好才調，被天強派作詩人。」但在古代，詩是一種生活方式，而不僅是寫作方式。

袁枚厭惡理學的不近人情，他自己的俗，便成挑戰了。
比如雅人據說是要逃名的，而袁枚是好名的，最喜歡說別人被他的詩感動得一把鼻涕一把淚的。

# 不讀《二十四詩品》

對事物的認知，有若干途徑。一塊石頭的顏色，滋味或氣味，輕重，形狀，都是性質，再進一步，可有物理學的描述，神學的解釋，以及審美的觀照。審美至今仍是件說不清道不明的事。羚羊面向草原佇立，是否會有與食欲無關的某種愉快？誰也不知道。但我們知道自己，會被星空的深遠、河流的迅疾感動，我們喜歡規則的布列，厭惡毫無形式感的東西，這種附著於眼耳的能力，從何而來，對人類有何意義，尚無答案，我們只知自己本性如此。我們甚至創造了藝術，一代又一代，造出無數的繪畫或詩歌，或精妙或劣等，既不是用具，也不是知識，卻誘使人們拿食物去交換。漸漸地，我們甚至分不開欣賞與對欣賞的欣賞，用閱讀代替旅行，用詩歌代表自然，至少也把它們混為一談。

一個詩人在現場體會到的心情激蕩，和我們閱讀他的作品，比如《春江花月夜》，心裡發生的感動，果真有同樣的性質嗎？很多人主張詩歌高於自然（在審美的意義上），這種比較，便是把兩種經驗，視為一物，只在心理的階梯上有所不同。中國的古典理論家也有如此的等式，但在方向上相反，在他們來看，自然之物的美在觀照之前就存在，甚至，一棵樹木，是有能力自我欣賞的。對詩人來說，這有點令人氣沮，因為他的工作，只是導遊，至多是討厭的代言人，——之所以說「討厭」，因為按照這種理論，物體的完樸，每經一次描述，就損失若干，所以不言才是最好的言，而詩歌不過是津梁，用開門的方式，來關上那道門。

正如當代的文學理論，讓作家比原先更加迷惑，中國古典文論，會讓詩歌的讀者，不相信自己的眼睛。我們從中學會一些範疇，比如「清奇」或「沖淡」，很妙的詞，如果用得恰到好處，會令旁邊的人對你的修養由衷佩服，但是，這類的範疇，到底是深刻的，還是膚淺的，是關鍵還是皮毛，誰又說得清？正如我們說一個人「熱情」，這評論背後可以是五分鐘的體驗，也可以是半生的交流；它是非常好的說明，然而，我們如果去填表，從姓名到履歷，從性別到住址，得寫滿一大張，才勉強告訴別人你是誰。「熱情」甚至不像「善良」，後者至少意指某些可指望的品質，而如果舉著「善良」的牌子，不足讓一個人登機，「熱情」就更不能打動可敬的機場官員了。

前面的「清奇」和「沖淡」，是從《二十四詩品》中選的。《二十四詩品》過去一直被認為是唐代詩人司空圖的作品，從近十多年學者的研究來看，更可能是元明人的創作，偽託在司空圖名下。真偽且不管，《二十四詩品》是討論詩歌「氣質」的專著，定義了若干性格，作為詩歌品鑒的高級指南。除了「清奇」和「沖淡」，還有雄渾、纖穠、沉著、高古、典雅、洗練、勁健、綺麗、自然、含蓄、豪放、精神、縝密、疏野、委曲、實境、悲慨、形容、超詣、飄逸、曠達、流動，一至二十四種，我全都寫下來了，因為按我的經驗，如果需要顯得很有古典修養，熟悉這些詞，很有幫助。

我們選一條來看一下，《二十四詩品》是如何定義詩歌的「品」的：

縝密——是有真跡，如不可知。意象欲生，造化已奇。水流花開，清露未晞。要路愈遠，幽行為遲。語不欲犯，思不欲痴。猶春於綠，明月雪時。

這說的是詩歌嗎？是的。風格本來就是很難形容的。如果我們還記得，魏晉時代品評人物，也常用類似的描述，而我國文學批評體系的建立，又恰是在那個時代，就不難理解古典理論家是如何的不信任概念，只要有可能，就以物喻物。

依賴分析，還是依賴體會，這本來不該成為問題，如果它們沒被挑唆得打起架來。現代人可能覺得，還是分析更可靠些，也更可發展；不過，現代人也承認，分析是很累人的，體會則輕鬆，分析需要積累，有時還會跑掉，而體會，總是現成的。要讓分析和體會各司其職，現代也難，因為雙方都喜歡過界，或者是去分析那不可分析的，或者是伸出舌頭去舔一張畫，——如果真能舔出「品」來，那將是非常、非常獨特的審美經驗。

# 不讀《古文觀止》

明代，選家特別多，當時的人，以為是極盛了，沒想到清代的選家比明代還多，沒想到當代的選家比清代還多。且說清人編的文選，有兩本聲勢最赫，一是康熙讓徐乾學編的《古文淵鑒》，一是代表桐城派主張的《古文辭類纂》。但流傳最廣的，既不是官方教材，也不是文豪的選本，而是兩個村塾編的《古文觀止》。

吳楚材、吳調侯教書教得高興，把課業編輯起來，竟成比肩《文選》、《唐詩三百首》的暢銷書。命名為觀止，但從他們在《自序》裡說的話看，二人並沒有什麼狂妄的念頭。實際上，《古文觀止》的流行，一大原因是選心的隨和，連駢文也選了幾篇，不像前後一些選本那麼壁壘森嚴。

「古文」有多種意思，作為文體的古文，是唐代叫起來的。實際上，就是散文。以前的散文，只是實用的文體，六朝前後發生了文學的自覺性，那第一批為文章而文章的作者，寫的是駢體文。駢文雖好，要經過艱苦的練習才寫得出，謀生不暇的寒士們，哪有那種從容呢？唐代的古文運動，把寫散文升為專門的技藝，文人自此多矣。且有不止於技藝的地方，按韓愈等人的說法，寫古文，還有裨於世道人心呢。

既然古文就是散文，一種茹爾丹先生說了四十多年的、人人都能寫一點的東西，為什麼唐代有古文運動，宋代也有，明代有前後七子的復古，各自大張旗鼓，好像不如此則散文亡呢？原因很多，其中之一是爭奪論壇的領導權。所以古文運動的第一件事是找對手，先前的對手是駢文，後來的對手是時文。然而，有諷刺意味的是，時文，或後來之八股文，正是唐宋古文的衍生品。要將一點點意思敷演成一大篇，中間的技巧，總結起來，就是八股。孔子曾說：「三人行，必有我師焉。」著名的《師說》，幾乎就是以此為題寫成的八股文。

When I walk along with two others, they may serve me as my teachers.

A student is not necessarily inferior to his teacher, nor dose a teacher necessarily be more virtuous and talented than his student.

名文、名言是那種我們無力旁觀的事。換個環境比較一下。孔子那句話，有理雅各的英譯（見上文第一句）；韓愈《師說》裡的名言，「弟子不必不如師，師不必賢於弟子」，羅經國先生的英譯則是上文第二句。一比，原形就露出來了。韓愈的文章，大抵如此，但以他為代表的（狹義的）古文，修辭是非常出色的。今天的學生，當然最好能多讀一點老祖宗的文章，但教師應當講明唐宋古文的長短，該學的是古人的修辭本領，至於邏輯嚴密，那是古文所短，只能向別處訓練。還以《師說》為例，「師」的定義混亂了好幾次，在韓愈以為無所謂，今天的學生卻不可不察。

古代的好文章，在史部、子部的多，在集部的少。修養好的文人，寫起傳記、政論之類，往往非常非常好，同一個人，要「做文章」，寫一篇「古文」，公諸同好，傳諸後世，就要苦心經營，描眉畫眼起來。——文章是應該經營的，可惜古文運動的趣味，和八股實在相去不遠。

二吳選的是古文，但他們沒有辦法不受時文的影響。《左傳》本是事多話少的史書，《古文觀止》從《左傳》裡選了三十多篇文章，算是推崇至極了，選的卻幾乎都是議論，這便有應試文字的影子在後面了。八股如酒，越醉越要喝，越要聲稱自己沒喝酒。如當今的作文教學，若說骨子裡仍是八股，教育部一千個不答應，人民教師一萬個不答應，若說不是，那又是什麼呢？

《古文觀止》本是初學者很好的讀本，它的毛病，是有一點八股氣。八股並非一無是處，裡邊的組織技巧，有高明處。假如時下文章，缺少那種訓練，我一定全力推薦《古文觀止》，可惜，八股恰恰是今天過剩的東西。又《古文觀止》的精神，是非禮勿視，比如它不選諸子書，因為莊墨荀韓這批人，不合正道，記了他們的主張，一不小心，流出到應試文章裡，就要倒楣。而在今天，這就顯得單調了。

古代文章，中學課本裡有好多，質和量，對中學生來說都足夠了。最好的辦法是當作口耳記誦之學，大聲念熟。千萬不要想裡邊有什麼微言大義。那是沒有的。再進一步，更好的選本，代表一種經典風格的，有王伯祥先生的《史記選》，網羅眾美的，有王力先生主編的《古代漢語》。特別是後者，比《古文觀止》好得太多，可惜不那麼流行。

輯參

# 不讀雜集

一個普通的讀書人，為什麼要讀古書？他希望從中得到什麼，又果真得到了什麼呢？

# 不讀《山海經》

《山海經》是本什麼書？地理，歷史，方術，小說……都沾點邊，又都不盡然。

它典型的條目是這樣的：

北海之內，有蛇山者，蛇水出焉，東入於海。有五彩之鳥，飛蔽一鄉，名曰翳鳥。

或：

又北四百里，曰乾山，無草木，其陽有金玉，其陰有鐵而無水。有獸焉，其狀如牛而三足，其名曰獂，其鳴自詨。

《山海經》全書，便是這樣一條條地組成，記些絕域之國、殊類之人，千奇百怪的事情。它涉及的地理範圍，近的只在如今的中原一帶，遠的或至邊陲，而更有一大部分，已難以考訂。大致的體例，是說某處有某山或某水，出某物，夾雜些神話或占卜的內容。

我們今天看到的《山海經》，是漢代劉歆整理成書的。實際的成篇，當是在一個漫長的時期，各時代的抄錄者，都添入自己的見聞和見解，所以它裡邊有周人的知識，也有戰國甚至秦漢人才有的觀念。這本書能流傳到漢代，便近乎奇跡，因為它背後的某種傳統，早已蹤跡難尋。

《山海經》要配著圖才好看。有印刷術之前，圖畫不像文字那樣容易傳抄，所以各時代的山海圖，通常只是時人畫的。古人以為它恢怪難言，也不怎麼嚴肅地看待它，現代學術拿它當寶貝，因為它裡邊有非常古老的東西。

上古，神話和現實之間，並沒有後來的界線。那時人心目中的外部世界，那些黑暗的森林，高不可攀的群山，廣大的海洋，天上的星體和地下的深洞，以及無數種奇形怪狀的生物，所有這一切，既難以知曉，又不可理解。每一樣被賦名的，都當有個主宰；每一樣會移動的，都有神通；每一樣新發現的，無論是海平線上的島嶼還是山脊那邊的江流，都危險重重。多數人謹守自己的家園，少數人外出遊歷，帶回來各種見聞，既一點點豐富著大家的知識，又鞏固著原來的恐懼和嚮往，因為他們難免把道聽塗說的事情越傳越玄，又難免給自己的經歷添油加醋。

《山海經》的時代，大致相當於奧德修斯（Odysseus）的時代。在後人眼裡，《山海經》閎誕迂誇，但在最早的時候，古人記錄這些遠國異物，態度是誠實的。古希臘人完全相信有會唱歌的海妖和食人的巨人，我們的祖先談論「大人國在其北，為人大，坐而削船」，也就像我們今天談論「某某公里處有收費站，可以繞過去」之類。

《山海經》，特別是其中最古老的那部分內容，記錄的是古人的世界圖景，兼出行指南，兼博物志等等。它彙集了古人給不可理解的世界建立秩序的努力，它試圖把零星的世界知識拼湊起來，形成一幅地圖，是地理意義上的地圖，但更是哲學意義上的地圖。我們不得不致敬於古人的冒險精神，不計生死地摸索未知的世界，一代又一代，就像被一個使命驅趕著，漫遊，遷徙，經歷著在今天已不可想像的艱辛和風險，以使他們的後代，懶洋洋地坐在恆溫房裡便能夠豐衣足食了。

魯迅小時候把繪圖本的《山海經》，視為心愛的寶書，那些「人面的獸，九頭的蛇，三腳的鳥，生著翅膀的人，沒有頭而以兩乳當作眼睛的怪物」，多麼能夠刺激兒童的想像！《山海經》是人類童年時期的書，到現在，恐怕也只適合學者和兒童看。學者之外的成年人如你我者，看不出什麼興味。不僅看不出興味，弄得不好，還要看出古怪來。好多人正在拿《山海經》來證明美洲是我們最先到的，以及北極，南極，也許還有月亮。我讀過的一篇論文，力證埃及的金字塔是大禹建的，因為《山海經》有一句「禹殺相柳，……及以為眾帝之台」，又有一句「相柳之所抵，厥為溪澤」，埃及有金字塔在現在的吉薩（拉丁名 Giza，來自阿拉伯語），吉薩和溪澤諧音，所以溪澤就是吉薩，相柳就是法老，金字塔就是大禹修的。另一篇論文，證明猶太人是從中國搬去的，因為《山海經》又說了，「互人之國……炎帝之孫……有魚偏枯，名曰魚婦」，魚婦者，以掃也（理由仍然是諧音），所以猶太人是炎黃子孫，又希伯來者，「西亳」「來」也，明明就說從西亳來的嘛。

這樣地讀，不讀也罷。

《山海經》，特別是其中最古老的那部分內容，記錄的是古人的世界圖景，兼出行指南，兼博物志等等。它彙集了古人給不可理解的世界建立秩序的努力，它試圖把零星的世界知識拼湊起來，形成一幅地圖，是地理意義上的地圖，但更是哲學意義上的地圖。

# 不讀遊記

十．一快到了，中國人民玩起來了，鄉下的到城裡，城裡的到鄉下，當然只是暫時的換防。野豬野羊，早就躲起來了，蒼蠅蚊子，該飛出來了，賣雨傘的，賣門票的，租車的，開店的，打九月就憋著笑，遊客也是滿面笑容，特別是在照相的時候。

每年我們都抱怨，擠死了，累死了，第二年，我們還是要出遊。捫心自問，是什麼動機，把成千上萬的人，從家裡趕出，趕到各種陌生的地方？爬一座費鞋的山，和一塊大石頭合影，高明何在？離開舒服的床，去躺在草地上，樂趣又何在？自然！自然！我們如是說。我知道許多人相信沒有人工痕跡的地表是天然的良藥，我知道許多人定期地拜訪「自然」，如同另一些人定期地去去教堂，回來就一身輕鬆，恢復了對自己的敬重，——「自然」好像是心靈垃圾的傾倒場，又像是頂頂溺愛我們的祖輩，不管我們做了什麼，總是拿個糖塊，把我們哄得高高興興。

徐霞客開始出遊時，不可能料到自己會在這條路上走多遠。他只是「不願以一隅自限」，想見見廣大的世界。這世界比他原先以為的還要大些，提供的趣味，也非他始料所及了。好奇心與對日常生活的不耐煩，是最平常的出遊動機，但一個人一遊幾十年，想必是喜歡上了旅途中的生活，那是充滿變化的，又彷彿總有新的目標。

大名鼎鼎的《徐霞客遊記》，常常被當作地理學著作來推薦，徐霞客本人，也給奉為地理學家。徐霞客確乎對山水懷有一種知識的興趣，這也是他高明於另外一些文人遊客的地方，但如果說如實記述所見所聞，就會是地理學，這固然是敬重徐霞客的一種方式，在我看來，對地理學，特別是那個「學」字，就有失敬重了。咱們普通讀者，大可忘掉「地理」云云，放心地拿它當遊記讀去，我敢保證，《徐霞客遊記》裡不會有任何內容，來干擾這單純的興趣。

劉勰談到晉代山水詩的興起，說過一句話，叫「莊老告退，而山水方滋」，初聽起來有點費解，老莊難道不是更號召「回到自然」嗎？原來，劉勰說的是對自然的態度，在莊子那裡，自然是人的哲學本體，這固然高妙，但登山臨水，也就成了嚴肅的事情，而謝靈運等一批詩人，把山水當成寄情之地，雖然深思少了，高興卻多了。古代文人寫山水的詩賦很多，大抵的思路，是描述山水的悅心和悅目，這個多好看呀，那個多奇怪呀，這樣的文章，我們在中學課本中見到許多，都寫得很漂亮。

剛上路的徐霞客，也和大家一樣，搜奇訪勝，消閒遣興而已。他最先去的，是那些所謂的名山大川，天臺雁蕩、黃山廬山之類，寫下的記行文字，雖然以日編次，和其他文人的遊記，並沒什麼特別的不同，仍如劉勰說的「情必極貌以寫物，辭必窮力而追新」而已。一望可知，他是在寫文章，要給別人看的。後來，慢慢地他就有了一些變化，行程變得任意，並不一定要去有名的地方，寫的日記，也越來越隨意，儘管沒有完全放下文人的身段。

《徐霞客遊記》中最好看的，是最後一批日記，特別是《滇遊日記》。其中最好看的，又是曾被錢謙益批評為「多載米鹽瑣屑，如甲乙帳簿」的，寫旅途中日常遭遇的文字。有些讀者看完《徐霞客遊記》，可能要問，除了作者善於屬文，它與我們寫的遊記，區別在哪裡呢？區別在於，徐霞客生活在那樣一個時代，他那種尋脈探源的好奇心，是異乎別人的，而他沒有功用的目的，在路上斷斷續續走了幾十年，又是前無古人的。

歷代評介徐霞客的文章，要屬清初潘耒給遊記寫的序，說得最好。潘序中最好的一句，是說徐霞客「無所為而為」，也就是為遊而遊。潘耒還說：「近遊不廣，淺遊不奇，便遊不暢，群遊不久，自非置身物外，棄絕百事而孤行其意，雖遊，弗遊也。」

一巴掌打倒一大片，按他的說法，我是沒有「遊」過的了。徐霞客的不同於常人，在於他——特別是後來——是在行，而不限於遊了。行與遊不同，前者是一種生活方式，後來至多是觀照方式。古有所謂「臥遊」一說，徐霞客最後得了足病，躺在家裡，也只好「臥遊」了。臥遊是可以做到的，臥行是做不到的。

# 不讀圖書

這裡說的圖書，指的是「河圖洛書」。河圖見於《論語》和《墨子》，證明在春秋時代就早已有這傳說，只是他們提到河圖，只二三字，我們從中得知黃河出圖是很大的吉祥，至於這河圖畫的是什麼，有無文字，抑或像偽《古文尚書》中說的那樣，是一種寶器，已無可考。洛書之說，出現要晚得多，不會早於戰國後期，是取自民間傳說，還是方士捏造的，也無法知道了。

最有名的表述，是《易傳．繫辭》裡說的「河出圖，洛出書，聖人則之。」現在我們知道《易傳》諸篇的作者，最早不過戰國，但漢人以為那是孔子做的，所以《繫辭》

中的話，後來竟成儒學建立世界觀的樞要。西漢的儒學，既駁雜又野心勃勃，龍馬負圖的傳說，也就起於這時候，即大戴《禮記》之所謂「河出馬圖」。

大戴《禮記》又最早把一種數圖和九宮聯繫起來。九宮之說也起於戰國，說的本是帝王一年之中輪流居於九室，以與天文相應。大戴《禮記》吸收了漢代的數學成就，提出明堂九室的制度為「二九四，七五三，六一八。」

宋人所謂的洛書，就是它了，畫成圖，便是我們熟悉的九宮圖，或縱橫圖的三階形式。有個口訣，叫「二四為肩，六八為足，左三右七，戴九履一，五居中央」，現在許多小學生也知道的。對數學知識貧乏的古人來說，這一數字圖式，越把玩越覺奇妙，甚至以為它是密碼，擁有解釋萬物運行的神祕能力。

九宮圖是怎麼被派為洛書的呢？說來話長。漢代解易的書，有一本《乾鑿度》，說太一⑤在一年之中從一到九運行九宮，四時動靜，於此生焉，而九宮的方位，恰如前述的縱橫圖所示。在這裡，九宮圖和易學結了親。

五代至宋初有一位人物叫陳摶，是易學中圖書學派的開創人。傳說中的河圖，本來誰也不知道是什麼樣（漢代圖讖對圖書有各種捏造，荒誕不經，後來也失傳了），陳摶橫空畫了出來。別人或問，古人、聖人都不曾講過的事，你怎麼知道？陳摶的解釋是，世界的秩序，是絲絲入扣，分毫不差的，故可以推理及之。陳摶畫的圖，混稱為龍圖，至北宋劉牧，始分河圖洛書，河圖為九宮圖，洛書為五行生成圖，比九宮圖複雜一點。

這和我們熟悉的稱謂是相反的。原來南宋又出了一位蔡元定，他嫌劉牧的學說有道家氣，改造了一下，令五行生成圖為河圖，九宮圖為洛書，以合諸儒舊說，兼與理學調和。蔡元定是朱熹的朋友兼學生，朱熹接受了他的解釋，這一學說，便通過影響極大的朱熹，漸漸成為正統，人們今天講的河圖洛書，無論意義還是圖式，用的就都是蔡元定的定義。

囉唆這麼多，是想讓不熟悉此事的讀者，瞭解一下河圖洛書的來龍去脈，至於「河圖洛書是中華文化的根」之類的堅信，則不是我敢操心的了。我見過的一篇論文，上來第一句就是「《奇門遁甲》載，黃帝夜夢天神授書，神龍負圖出洛水，這說明在黃帝時代人們就開始運用洛書。」奇門遁甲……黃帝……說明……，每個詞都令人心驚肉跳。這種「文化」的根，也許確在河圖洛書呢。

圖書之說雖然穿鑿，如果我們仔細辨析，也許能看出古人的氣魄。儒學的先天不足，是沒有宇宙論，所以漢儒取道家的萬物化生學說，和五行家的世界秩序，來建立自己的一套天地學說。宋代圖書一派，仍然繼承了這一雄心，只可惜於數百年之後，仍堅持童蒙式的世界圖式，在漢人為稚氣者，在宋人就只能說是村氣了。

因為源頭不醇，圖書之學在宋代就被歐陽修等人質疑。清代的一批大學者，重視考證，對這類臆說，更是抨擊不遺餘力。從實證的方面說，圖書之說，不堪一擊，但在另一方面，可以看出，理學也越來越成為最無哲學氣質的哲學了。相比之下，說不定還是圖書之學更可愛些。

只是這種學說，同古代其他一些兄弟學一樣，相信最簡單的，最原始的，最無需智力活動的，才是最正確的理論。對祖先的崇拜與對現實生活的不滿結合起來，對秩序的熱愛與對紛繁物理的厭惡結合起來，對終極答案的需求與對知識積累的不耐結合起來，這就是古人的，也許還是我們自己的氣質。

5 編註：即北極星。

# 不讀《命書》

街頭擺攤算命，在高等城市如深圳者，大概是見不到的，——沒有滯留的正當理由，只好自行離開；在我住的城市，偶爾還可一見，多是些瘦老頭，在路邊擺個小馬紮坐下，面前一張白布，寫些字樣。舊時相面的，要先吆喝幾句，現在不敢，怕人趕，所以袖手乾等。有看相的，測字的，抽籤的，算八字的，其中最辛苦的人是瞎子，閉一天的眼，直到傍晚，才好睜開眼睛，數一數錢，然而所得亦極有限。

這一行中，有本領的去說動上大人，有本錢的去開命館，眼前這些混在街頭上的，多半手藝不精，腥也不腥，尖也不尖，甚至是在地攤上買幾本小冊子，胡亂背誦幾句，便出來掙點小錢糊口。給人算命，第一要緊的本領，是像福爾摩斯那樣，見微知萌，見端知末，猜出主顧的身分、心事，才能說到人家的心坎裡。我有時耐不住好奇，請這類人給我說幾句，試了幾次，不禁搖頭歎氣。須知這一行的好處，是幫人決斷，那套推算的說辭，我等固然不信，但其中的好手，閱人極多，深通世故，往往一言決疑，比起專業諮詢，又省錢又有效。但幾次聽到的，全是純而又純的胡說八道，所以要搖頭歎氣。

第二要緊的本領，是果真學過一點術數，這個就得看書了。單說這算八字的，看不懂《命書》、《淵海子平》，至少也得揀《三命通會》、《窮通寶鑒》這些明白易曉的，熟讀它一兩種，肚皮裡有些東西，才好挾奇動人。

李虛中是八字算命的開創人。他是唐代中期人，做過御史。事蹟見韓愈給他寫的墓誌銘，裡面說李虛中精研五行：「以人之始生年月日所直日辰支幹，相生勝衰死王相，斟酌推人壽夭貴賤利不利，輒先處其年時，百不失一二。」

從這些話判斷，李虛中是察言觀色的高手。《命書》是八字算命術的頭一部經典，舊題是李虛中的作品，清代學者已經不相信；據近人研究，現存的《命書》是宋代人撮抄諸書而生，而李虛中即使真寫過一本《命書》，也不是我們眼前這本。但這本《命書》，裡面應是記錄了李虛中的一些主張，同韓愈作的墓誌銘，以及唐代史料合讀，說唐代便出現了八字算命，李虛中是這種術理的一個輯成者，應該是不會很錯的。

古人和我們一樣厭惡紛繁萬象的難以統攝，下手卻比我們果斷，三言兩語，便建立起一個模型，把什麼都裝在裡面。在他們看來，自然世界是有玄機的，誰能找到，就找到了解釋一切的關鍵。不管是五星三垣、四柱八字，還是別的什麼體系，都反映著這同一個信念，八字以其簡便，流行後世，中國人沒有不知道的。但我好奇的是，用這麼簡單的方法，建立起命運模型的人，比如李虛中，自己相信不相信呢？

這個問題，也可去問別的方面的人，比如建立某種歷史理論，某種世界理論的人，他們自己，信不信呢？建立八字體系，一項工作是推算已知其生辰的古人，使其相合，有這種詳細記錄的人，如魯莊公、漢武帝、諸葛亮，並不多，這工作便不費力。體系建立之後，自然要受到事實的威脅，但理論的一種生存之道，是不斷否認無法解釋的事實，不斷修改自己使之合於實在無法否認的事實，正如我們在算命術之外的地方，見識過的。多言能中，這個道理古人早就明白，史籍記錄了無數掐算準確的事，大聲讚歎，至於那些算不准的，就是再多，也不受注意，傳來傳去，便成了韓愈說的「百不失一二」，要害在於，一種理論，是否同意自己被事實否定。

我想，這類體系的建立人，對自己那套東西，一定是頗為相信的；同時，他們更為相信的，是體系的說服力，相信人類認知上的弱點，一定能使體系大受歡迎。

那麼，下層的街邊算命人，對八字之類的學說，是否相信呢？自然也相信的，在他們看來，這些東西是有學問的大人物想出來的，一定有道理，而且，是真是假，輪不到他們費腦筋，他們不想要什麼自決權，只想有個方便的工具，來讓腦筋休息，腸胃活動。自然，每一個沒有餓死的算命人，都知道不能完全按命書上的教導來應對主顧，他們自己決定說什麼，至於命書裡的道理，胡亂牽扯一下即可，畢竟，你我不讀《命書》，本來也不知道裡面是如何說的。

# 不讀《貞觀政要》

古人心目中的理想政治，本來是堯舜時代，不過上古的事，曖昧難征，好比有雷鋒而無日記，要大家如何學起？吳兢編《貞觀政要》，便強調擇善而從，「豈必祖述堯舜，憲章文武而已哉」。不只吳兢，後代許多人，都以為唐太宗時的朝政，可為楷模。不止一個皇帝說過，自己不敢想比肩文武，能彷彿唐太宗，就心滿意足了。

貞觀政治，自然不像正史裡講的那麼美好，但依照古代的政治設計，貞觀年間，確實是光輝時刻。那種政治所要求的君明臣賢，盡備於一朝，而且唐人承北朝風氣，胸懷寬廣而樂觀，不必非以自相傾軋為樂。李世民本為好名之士，又有個不光彩的玄武之變，更加戰戰兢兢，慎言慎行。他自己完備了起居注記制度，借外力制衡人君。他的感想是，在朝中每說一句話，都要想到傳出去後別人怎麼看，後人怎麼想。在這裡，不要追索他的動機，是發乎本心還是受制於風俗制度，這一點並不重要而且難於征實，關鍵在於他確實在說明理的話，在做明理的事。

起居注，就是史官（太宗時叫「起居郎」）跟在皇帝身邊，隨時記錄皇帝的言行。記來記去，太宗好奇心起，想討要起居注，看看裡邊到底記了自己一些什麼事情。他的話說得漂亮，叫「用知得失」，意思是想知道自己哪些地方做得不夠好，以便改正。其實他最關心的，是對玄武門事件的記錄。諫議大夫朱子奢上表反駁，說您老人家看看是可以的，但恐此例一開，後世君主不像您這麼英明，——「飾非護短，見時史直辭，極陳善惡，必不省躬罪己，唯當致怨史官。……（史官）唯應希風順旨，全身遠害。悠悠千載，何所聞乎？所以前代不觀，蓋為此也。」

朱子奢以後世君主為辭，點破了太宗的用心，太宗只好做罷。過了幾年，太宗又提出來看起居注，被褚遂良堵回。太宗只好向房玄齡討要根據起居注編的國史，便是《今上實錄》了。房玄齡率兩個助手，用心刪略，把編好的實錄交給皇帝。李世民看到記玄武門事的部分，語多隱晦，便說我殺建成、元吉，可比周公之誅管蔡，沒什麼見不得人的，「宜即改削浮詞，直書其事。」

話說得高明，其實是嫌實錄的文章做得不夠澈底。幾個大臣自然明白，又改了一遍，太宗終於滿意。預修實錄的許敬宗，最能體會上意，此人修史，膽子大，臉皮厚，慣能無中生有，移花接木。太宗偉大形象的確立，他是一大功臣。

那麼，官史如此，就不怕民間史冊有相反的記載嗎？原來，中國修史的制度，到唐太宗完成了一大變。以前修史，或是個人的私學，或是史官的家學，至隋文帝禁絕私史，並無實效，唐代正式設立官方的史館，壟斷了檔案，雖未禁私史而私史幾於絕矣。像起居注這類原始史料，民間無得聞焉，想寫本朝的國史也寫不成。——這是貞觀政治的另一大經驗，要形成一種聲音，只靠壓制意見是不行的，還得在原始檔案上下工夫。

吳兢是唐中宗、玄宗時的史官，見過一些檔案。他編的《貞觀政要》，是給皇帝的政治教科書。他抬出貞觀政治，作為一種樣本，採擷的自然都是好人好事，——當然，貞觀政治確是大有可采之處，但《貞觀政要》提供的朝政圖景，又是非常簡化的，它的觀念結構，只有君、臣、百姓這三層，一個聽勸，一個多勸，君臣共以百姓為念，然後天下大治，這離實際的政治，差得就十分遠了。

後代君臣讀《貞觀政要》，據說是要學習太宗和那時的一批諫臣，這是不靠譜的事情，因為君要納諫，臣要敢諫，這是自古相傳的為政之道，已經被嘮叨過幾百萬遍了，非得遠遊唐代去取經嗎？只是《貞觀政要》中有許多漂亮的例子，漂亮的話，不妨記下來，隨時取用。百姓讀《貞觀政要》，也有被感動的，恨不往生東土大唐極樂世界，這個也只能想想而已，幸好也只能想想而已。

# 不讀文言

題中的「文言」，既是泛指，又特指《文言讀本》。

上世紀四十年代，開明書店請朱自清、呂叔湘、葉聖陶編輯了一套文言課本，題為《開明文言讀本》。這幾位都是通人，又甚少習氣（桐城派的文章，一篇也沒有選，不知算不算另一種習氣），選文視野廣，評釋精當，本來很可推薦於今日的讀書人的，只是這書多年沒有再版，已不很容易買到。容易找到的，是三十年後，呂、葉二先生自它改編的《文言讀本》，此時朱自清早已作古了。

《文言讀本》較其前身，篇目減少了一些，而主旨仍舊。當《開明文言讀本》出版時，語文教育中，語體已居上風，三位編者又都是支持白話的，所以在編輯例言中聲明：

我們認為，作為一般人的表情達意的工具，文言已經逐漸讓位給語體，而且這個轉變不久即將完成。因此，現代的青年若是還有學習文言的需要，那就只是因為有時候要閱讀文言的書籍：或是為了理解過去的歷史，或是為了欣賞過去的文學。寫作文言的能力決不會再是一般人所必須具備的了。

本篇就著這幾句話，說說文言閱讀的事。什麼人還要讀文言呢？請注意前引文字中的「一般人」一詞，是結合著「表情達意」和「寫作」出現的，在《開明文言讀本》的編者看來，普通人是不想，也不需要寫文言的。呂、葉二先生改編《文言讀本》時，又補充說明道：「文言作為通用的書面語的時代已經一去不復返了。」如今，去《文言讀本》的編輯出版，又是三十多年，「一般人」不但不寫文言，也不怎麼讀文言了。是啊，誰還要讀文言呢？在我的印象中，除非有額外的興趣，或職業需要，「一般人」對古人作品的接觸，最多的是古詩詞，除專門的選本外，還散布在各種讀物中，甚至飯店的牆上，其次是古代的格言，因為經常引用，大家也是熟悉的，然後就是小說，大多是白話，而也有一些，如《三國演義》，有不少文言成分。我知道還有許多讀者，喜歡讀禪宗語錄（其實那裡面白話很多）、短小的筆記等，但說真的，有幾個人會拿起一本《震川集》或《東華錄》之類的書，津津有味地看呢？便是大學裡的教授，除了專門研究古代的，或別有興趣的，據我所知，也是不大看古書的。

頭些年，頗興將文言著作譯成白話的風氣。我曾對此不以為然，以為如此一譯，平添出許多錯誤，風味也完全不同。現在我不那麼想了，現在我想，這類譯本的流行，不會沒有道理。儘管是在如今，仍有許多人對過去的東西有興趣，只是礙於文言難讀，不得不放棄或轉向譯本。也不能責怪於中學裡的文言教學，文言並非日常語言，在熟練之前，一旦不使用，自然很快忘掉。

傳統是一種背景，硬要拉它到前臺，立刻扭歪了。讀文言的人越來越少，並不影響傳統的延續，因為畢竟還有人在讀，雖然少。這些人自會把影響傳遞開來，通過各種方式，到我們生活的細節中。或許有人有式微之歎，但那是自然的進程，強去干預，也沒什麼好結果。

呂叔湘提到的兩種理由，「或是為了理解過去的歷史，或是為了欣賞過去的文學」，仍然存在，只是需要的力氣比過去大了。語體的文言的成分，比三十年前少多了，中學課本，程度也淺多了，再要讀文言，而且要讀懂，非下點工夫不可。比如「過去的文學」，白話小說與詩歌還好些，欣賞散文或賦體，就不是件容易事。如果是單純為了欣賞，會有多少人覺得下那樣的力氣是值得的呢？

有個朋友戲言道，讀豎排的古書，邊看邊點頭，讀橫排的今書，邊看邊搖頭。回想起來，讀過那麼多文言著作，知識固有增添，若單從樂趣方面，收穫與付出，不成比例，實該搖頭。也可能是這個原因，從不敢推薦別人讀古書，怕就怕人家萬一聽信，讀了半年，跑回來罵我耽誤他的時間。有時被人問得狠了，也要先將醜話說在前面，讀就讀吧，後果自負。

還要說的是，《文言讀本》現在看來，也是很好的課本。如有人願意在中學的程度上再進一步，自然不妨用它作教材，只要後果自負。

# 不讀《考工記》

民間技藝自有流傳。古代的典籍，鮮有對工藝的記錄，然而一代代的中國人，仍然會造酒、制車、種田。只是，若沒有知識豐富的人參加，工藝的改進必然緩慢，而且無法產生出科學。當然，這是另外一個話題了。

古代寫工藝的書，少之又少，所以每一本都珍貴。最珍貴的一本，是大約成書於戰國時期的《考工記》。《考工記》是工藝大全，怎麼造車，怎麼做食器、兵器，小到編筐，大到營建城邑，挖溝築防，雖未必詳細，卻樣樣法度清楚。既有能力著述、又通工匠之事的人，古代是極少的，前人或說這本書便成於這種人之手。但書的內容如此豐富，怎麼能有那樣的百事通呢？所以更可能是士人訪問各行的工匠，記錄成書。

讀書人能有這樣的心思，不論是出於私意還是官命，在當時算了不起。只是陸續潤飾，有些東西難免走樣。比如《考工記》說車輪要用三十根輻條，取日月之數，這就是儒生的一己之意了。考古所得周秦古車，極少見三十輻的，大多數是二十幾根輻條。老子雖也說過「三十輻共一轂」，但老子是哲學家，可以舉其成數，不必對工藝負責。若是工匠自己來記，當不會想到要讓工藝向哲學讓步，非三十不可。

儒生為了整齊好看，以及合於他們的哲學，對這本書的加工不止一處。仍以車制為例，按現存《考工記》的定制，車轂的長度，要合於車輪（去掉接地的一圈）的半徑。實際情況，是要比這個短一些的，不過如實寫就麻煩，妨礙閱讀愉快。

《考工記》對車制的記錄最詳細，也最難解。為它做注的漢代大儒鄭玄，去《考工記》的時代不算很遠，注解已錯誤百出。比如車轂兩端金屬套的大小，按鄭玄的理解，粗的一端（「賢」），徑八寸多，細的一端（「軹」），徑四寸多，相差如此懸殊，世上哪有這樣的車呢？鄭玄「遊學周秦之都，往來幽並兗豫之域」，一輩子不知坐了多少回車，何惜於湊近看一看，或者問一問制車匠呢？

這個問題留了下來，大家都覺得不妥當，又沒有好的解釋。清代通西學、重實證的戴震，不得不改字解經，又把鐵箍的厚度也算進去，勉強讓這理想之車能夠運轉，但畢竟不合經文。他的師弟程瑤田，則以為「賢」「軹」說的是飾轂。清代對《考工記》研究最深，要屬戴、程二位，仍說不清楚這件事，而從現在的考古所得來看，先秦車轂兩端的徑差縱有，斷不如書中所記那樣懸殊。至於是記錄或傳抄錯誤，或「賢」、「軹」別有所解，就不知道了。

《考工記》流傳中或有錯誤，但擁有這本書，是我們的幸運。有個成語，叫「輔車相依，唇亡齒寒」，其中的「輔」和「車」，舊訓一直是解作頰骨和牙床（我記得我上中學時的課本，還這樣解釋）。直到清代的王引之，才正確地指出「輔」是加固車輪的額外輻條，所謂「夾輔」是也。《考工記》中沒有講到這種「輔」，它少說了一句，大家就糊塗了一千年。若無《考工記》，我們對先秦社會的知識，秦漢以前的技術史，要少掉一半篇章，古籍中許多名物，也更不可解了。

我們平時讀書，是想不到《考工記》的，因為它又枯燥，又難讀。另一本著名的《齊民要術》，也同樣鮮有讀者。古代對技術，沒有設立專門的學科，也沒有專門的知識系統，讀者不會，會者不讀，技術發展固然自有其進程，只是無法鑽入讀書人的法眼，成了地下的暗河。

戴震曾感慨，經書中有些地方，若無實際知識，是理解不了的。他舉了些例子，如不懂天文，讀不懂《尚書》；不知古音，讀不通《詩經》，沒有數學知識，也看不明白《考工記》。他說，對這些事，「儒者不宜忽置不講」。但對古代的大多數讀書人來說，除了「忽置不講」，也沒什麼好法子，戴震自己若不是懂些西方曆算，對《考工記》怕也只好忽置不講了。

但戴震陰用西學而陽斥之，如他做的《勾股割圓術》，全用西法，只是把術語換成中國古詞，便宣稱三角學可以從勾股中推出，進而宣稱此法古已有之，西學乃是從中國偷去的。戴震一直號召「不以人蔽己，不以己自蔽」，看來，不以人蔽己易，不以己自蔽難啊。

# 不讀茶經

這裡說的茶經，並不特指陸羽《茶經》。陸羽《茶經》是務實的文章，可以與《齊民要術》對讀的。《茶經》之後的古代茶書，流傳下來的，大約百種，雖然說得懸乎一些，多數篇幅不大，再扣去散佚，一個人把這批書全讀一遍，也用不了幾天。我是很鼓勵這種讀書事業的，幾天時間，就能成某一領域的專家，怎麼想也划算。

「闊人已騎文化去，此地空餘文化城。」小時候上學念書，有冠冕堂皇的說法，叫「學文化」。那時認得字，就是有文化，鄉下幹部常說的「那個婦女沒文化」，是在說她文盲，今天的門檻高了，幹部再說這句話，不再是說她不識字，而是指她覺悟低，不理解鄉鎮發展觀，連拆個房子也捨不得。現在大家都知道文化是好東西，你也要，我也要，與其打破頭，不如學豬八戒，大家分了吧。中國人多，所以分得細，社區門口，有對夫婦，是賣臭豆腐幹兒的，近日打出橫幅，上書「復興臭文化」，我想向他們說，恭喜，您也分到了。臭文化之外，還有酒文化，水文化，臥文化，跪文化，飲食文化，廁所文化，打燈謎文化，踢毽子文化，你能想到的，別人早已想到了。

別忘了香噴噴的茶文化。有一次被綁去品嘗普洱，在座的都是茶文化大師，其中一位，能喝出茶樹的海拔，另一位，分辨出茶工用洋胰子洗過手，發脾氣說：「我一再告訴他們用皂角，用皂角。」輪到我時，只能支吾幾聲，不知所云。人家以為我深沉，連換三四樣，最後急了，泡上壓箱底的絕妙好茶，我只好如實讚美：「這個最燙。」我的舌苔厚，喝不出許多妙處，但我對喝茶，敬重有加，而且一向支持雕琢生活的細節，讚美精緻的趣味。

南北朝劃江各立的時候，南方士族發展了一種「精緻文化」，北人嘴裡罵島夷，心裡還是嫉妒的，特別是隋唐時天下太平，該享受生活了，以前的墮落分子，都請來當老師。陸羽《茶經》，未嘗不是給北人寫的教科書，北人一見心折，原來喝樹葉子有這許多講究，南蠻子硬是要得哩。

茶工雖巧，奈少文化何，等文人愛上茶事，茶文化才有文化。那有點兒像一種競賽，你說妙味，我說無上妙味，你講究火，我就來說水，湯分賊魔，水別靈異，山泉如何，古井如何，高峽是什麼樣，長灘是什麼樣，南零第一，還是廬山第一，東坡之雨果勝於陶穀之雪乎？「無水不可以論茶也」，所以懂行的人「子問水，不問茶」，一聽說你用的是自來水，立刻笑倒在地。

又如煮茶的燃料，如今用電，是不得已。《茶經》是提倡用炭的，詩人搖頭笑道，陸鴻漸[6]畢竟出身不高，博則博矣，不如我輩知雅啊。一種講究，是用竹子來燒火，還要用綠竹、枯竹，單聽名字，燒的不是竹木，竟是詩意。更講究的，用鳥窩，特別是鵲巢。「鵲巢結空林，雉響幽谷」，你去給摘下來，多不好意思，所以揀落下來的，所謂「烹茶拾墮巢」，落巢是少見的，但我估計，派孩子爬上樹捅下，再揀起來，大概也算數。這也是沒辦法，《茶錄》裡說，煮茶不能用柴薪、煙煤、麩炭，還不能用惡木、弊器、木桶等，能點著的東西，可用的實在不多了。

荀子說：「其為人也多暇日者，其出入不遠矣。」我是特別反對這話的。想當年如果不是人類有了農業，使有人可以閒下來，哪裡會有文明呢？社會裡必須有閒人，琢磨一點和生計無關的閒事，比如造太空梭，也比如喝茶。中國古代文化最發達的地方，其一便是發展了許多種精緻的生活趣味，茶事乃其大端，還有更細緻的，如養蛐蛐用的小罐，有人就可以玩一輩子呢。古代文人不唯手閒，而且心閒，若說讀書寫詩吧，就那些書，就那些詩意，寫著寫著就沒了。清代的賢人，比起兩千年前主張多識鳥獸草木之名的聖人，其知識，多不到哪裡去。這麼多聰明人，剩餘的精力和智力，無處擴張，便向細節發展，用在鬥酒喝茶上，也算個出路，至少比整天琢磨教導別人的生活強，自娛自樂，也算不給人民添麻煩吧。

何況曖昧能擋住空洞。什麼也不懂，又要像大徹大悟，最好的辦法不落言荃，或者只雲纏霧繞地說些「嗯嗯嗯」之類莫測其高深的話。我被問及茶事，總是嗯嗯嗯的，因為確實不懂。

6 編註：即陸羽。

# 不讀馬經

翻開《爾雅》，知古人是有戀物癖的。比如馬，四蹄皆白的，四脛皆白的，前足白的，後足白的，前左足白的，前右足白的，後左足白的，後右足白的，尾巴根兒白的，尾巴尖兒白的，腿不白而身白的，身不白而臉白的……竟都有專門的名字，而這僅是種種分別中的一項。便是對據說更為可敬的天帝君親師，也沒見他們有如此耐心的描述。

著名的《齊民要術》，講到相馬，零亂然而有十分細緻的地方，如旋毛在眼眶的不同位置，便意味著不同的壽命等等。中古講馬的書，頗見於著錄，只是都失傳了，所以《齊民要術》所載，足令我們歎為觀止。直到馬王堆帛書出土，裡面有一篇《相馬經》，我們才知道，戰國秦漢間人，對馬的觀察，竟比後人還仔細。單是眼眶周圍的四塊肌肉，《相馬經》都給起了專名，世界上還有比這更認真的事嗎？

古人說起馬的事來，津津樂道。吉如飛黃，神如銅精，武堪食虎，智可識途，更有詩頌臧才，易說乾德，其命田子方歎之，其貌顏子淵望之，辯則公孫龍申之成說，諫則晏平仲藉以動上，屈產之乘假道，雞斯之乘贖人，免人於難者，不可勝數，亦有妨主如「的盧」，危國如「汗血」者焉。故愛之者衣以文繡，舍以華屋，席以露床，以棗哺，葬以大夫之禮，不愛之者食之沉之。

這麼了不起的馬，在商周王室，各有專門的官吏侍候（若按《西遊記》，天上還有弼馬溫呢）。大人物死了，用馬陪葬，後來又用銅馬、瓷馬。古代雕塑的最高成就，不是塑人，而是塑馬，您說古人有多麼喜歡馬？

這種對馬的迷戀，若憑空推想其原因，並不為難；以其易知，乃知其必有不對勁兒的地方，且不值得特意表出。單說古人對馬這龐大的動物，既有服馭的得意，又心存敬重，對它的觀察，也較對別種低劣的畜生，細密好幾倍。在陰山岩畫中，一個常見的主題是人騎在馬背上，十分簡單，畫了又畫，大約是見這麼大的傢伙任由驅使，心裡實在得意，而且以為是值得紀念的事。

想起來，人對馬持的是雙重態度——一方面，敬它重它，唱它畫它，寵愛它打扮它；另一方面，騎它乘它，用鞭子抽它，拿腳踢它。不過這雙重態度，正是文明的標誌。對什麼我們不是這樣呢？顧愷之《洛神賦圖》裡的馬，在鞍韉下怡然自得，——辯者或說，誰見了神女，不願意為牛馬走呀？但恐怕畫家不是這麼想的；讚美野性，是後代人的精神奢侈品，最早有名有姓的畫馬大家，並不以為馬的地位有什麼疑問。在閻立本、張萱等畫家筆下，馬都是儀仗化的，侍衛氣質的，汰盡了山野之性。

說到畫馬，同樣在唐代，也有對馬的個別觀察，比如廣為人知的韓幹的作品，還有五代胡瓌的《回獵圖》，裡面有一隻馬屁股，實在畫得精細，讓人見了無不想拍上一拍。宋代李公麟畫的馬，很是安詳，有一種宋式的心安理得，又好像畫家對馬說，請你擺個姿勢，那馬便擺個姿勢。李公麟自己花過很長時間看馬，還臨過韋偃的牧放圖（唐代還有一幅無名氏的《百馬圖》，馬的姿態更多），來學習前人對馬的觀察。

這些畫家的共同點是，先看馬，後畫馬。李公麟是講究立意的，但他畢竟不曾讓肚皮裡的觀念壓倒藝術家的天職。後來的文人畫家中，會畫馬的比會騎馬的還多，程式畫法之外，真實的馬什麼樣子，大概心裡模糊得很，所以要寫意，那和實際的馬，自然是風馬牛不相及了。

《相馬經》揭開帷布的一個小角，使我們知道自己的祖先曾經那麼認真地格物致知。翻翻各代的藝文志，便知記載實際知識的書，最容易亡佚，空言欺世的，倒世代流傳。魯迅曾氣憤憤地說：「做《內經》的不知道究竟是誰。對於人的肌肉，他確是看過，但似乎單是剝了皮，略略一觀，沒有細考校，所以亂成一片，說是凡有肌肉都發源於手指和足趾。宋的《洗冤錄》說人骨，竟至於謂男女骨數不同。」其實《內經》時代，人們還是求知的，懶惰的是後人，不肯將知識積累上去。如此說來，一篇《相馬經》，還不如長埋地下，沒的挖出來，讓我們慚愧。

# 不讀酒誡

我國風俗最奇怪處之一，是以酗酒為美德，溫克為無趣。波特萊爾（Baudelaire）說的「長醉不醒是唯一出路」，本是驚世駭俗之言，放在咱們這兒，便成家常的意見。喝到爛醉如泥，不以為恥，反矜矜自喜，到處說上好幾年，當作自己的英雄事；自己喝也罷了，還要勸別人喝，人家拒絕這無理且無禮的要求，他還不高興。最講不通的，是誇耀酒量，好像在昏迷之前喝下更多的酒，是造福人類的事。

凡是與常識有違，又蔚然成風的事，都得向上找源頭。喝酒的這種作風，始作俑的是兩晉的文人，唐代詩人把它發揚光大，使成社會的習俗。古代的文人，標榜自己喝酒，如同標榜自己有才情，要是一點也喝不了，別人就懷疑他是個無趣之人。寫過《濁醪有妙理賦》的蘇軾，生來不能喝酒，他覺得這是少了一樣雅韻，便以勤補拙，天天把盞練習，比填詞練字還要用功，果然天道酬勤，到了六十歲，他已能喝下五盞酒，當然，不是一頓，是在一天裡累積。

也有反對喝酒的。從《尚書》中的《酒誥》開始，就有正人君子，看這些橫七豎八的醉漢，心裡難過，寫下各種勸誡。但到後世，兩邊的力量，不成比例，主張節制的，都是些葛洪、庾闡這樣的實木腦袋，講些大道理（他們忘了，正是因為聽大道理聽煩了，人家才跑去喝酒），而在另一邊，從莊子往下，從漢代的孔融到唐的王績，從李杜到皮陸，都是有才情的人。一邊是恃才任性，一邊是崇學重道，一邊是嵇康，一邊是嵇紹，一邊是李白，一邊是韓愈，一邊把道理想個周全，好不容易寫出一篇《酒誡》，一邊輕輕揮去，十來篇酒賦醉賦之類已一湧而出了。這架不用打，就知誰輸誰贏。

王績《醉鄉記》，模仿陶淵明的《桃花源記》而寫的，韓愈讀後，感慨說這些醉漢，都是些不遇的人，心中有不平氣，所以躲到醉鄉。唐人對喝酒的理解，正反兩面，大抵如此，一說到建安、竹林那些人喝酒的動機，不外是逃世網於糟丘，以求得全。

如李白，是上引陶淵明為知己的，但淺如太白者，畢竟無法接近陶淵明的內心，寫下和喝酒有關的詩不知有多少首，也注不動陶淵明的一首：

不覺知有我，安知物為貴。悠悠迷所留，此中有真味。

遺世忘憂之外，晉人喝酒，與唐人比，還有別的心事。王蘊說的「酒正使人人自遠」，唐代的詩人就說不出，而王蘊還只是說在形而下。各代說喝酒如何如何好的，很少在說老實話，而在另一面，反對耽溺於酒的人，更反映時代的趨向。庾闡酒誡，講的道理是「窮智害性，任欲喪真」，「形情絕於所托，萬感無累於心」，就比較入當時那一批人的耳，若是像後世的道德家那樣，舉出健康、政治、道德之類的理由，徒令人生厭，酒是一點也勸不住的。

晉人的心事，未必都傳了下去，晉人的作風，一樣不少地被後人效仿。酒是一代代喝下去了，每代人有每個時代的理由，每個人都有不需要現實感的時候。「一杯顏色好，十杯膽氣加」，酒能釋恨佐歡，也能激發情性，讓老人變成少年，懦夫變成勇士，可惜「醉中只恨歡娛少，無奈明朝酒醒何」，酒一醒，一切復原。在這一點上，今人要羨慕古人的，是古代酒薄，魯酒千鍾，趕不上一瓶二鍋頭，陶然一醉，要花很長時間，醒酒又要很長時間，這樣一三五喝酒，二四六醒酒，或許真的可以流連醉鄉，沒身不返呢。

總之，崇尚喝醉，先是晉代特殊的風氣，後是文人的一種生活方式，——「火滿酒爐詩滿口」，聽起來就很雅，最後，在全社會普及開來，哪怕是僻遠的鄉下，男人喝酒，勞苦功高、大模大樣地坐著，全家人在下面忙，顯然是一致同意喝酒是嚴肅的事業，喝醉是事業的完成。我知道喝酒能令人喜歡自己，喝醉時喜歡自己，平時也喜歡自己的雅興，但如果一無晉人的心事，二無詩要寫，三則本來已經很喜歡自己，很喜歡自己的時代了，還要鎮日無事，不讀離騷痛飲酒，就看不出有什麼好藉口了。

# 不讀酒經

我國對文明最大的貢獻之一，是發明了用酒麴釀酒，使世界上四分之一的人口，能自己喝醉自己。《尚書》裡說，「若作酒醴，爾惟曲蘖」，蘖且不論，制曲，實乃中國酒的特點，工藝也有風致，單說其中的踏曲，即用腳把曲料踩實，最合古意。北魏時的農書《齊民要術》說「令壯士熟踏之」，便是這個環節了。《齊民要術》中用手團制曲餅，都用小孩子，且「有汙穢者不使」，何以用腳踏曲，卻用壯士？想必是求堅實，兒童體重不足，只好有請壯漢了。但故老相傳，近代制曲，卻用胖小子來踩，也算一種改進吧。踏曲時邊踩邊唱歌，很是田園風光，竟成制曲的別名（如乾隆禁酒，詔曰嚴禁「肆行踩曲」），可惜現在難得見到了。

古代造酒，制曲的方法，是為關鍵，酒麴一投，酒的風味，奠定了大半，所以歷代造曲的法子，輕易不外泄，至於文人所記，往往是大路貨，除非是賈思勰（《齊民要術》的作者）這樣的行家，才記下一些細節。曹操曾給皇帝進獻「九醞酒法」，但如何制曲，語焉不詳，並非他有意隱瞞，工匠之事，他也不很清楚。現今有人僅據曹操奏文裡的幾十個字，便要復原九醞酒，那是只好騙騙你我這樣的人了。

各代談釀酒的專書，出了不少，年代又早，記載又切實的，要屬宋代朱翼中的《北山酒經》。如他述做酒飯的一個小環節：

甕底先摻曲末，更留四五兩曲蓋面，將糜逐段排垛，用手緊按甕邊四畔，拍令實，中心剜作坑子，入刷案上曲水三升或五升，已來微溫，入在坑中，並潑在醅面上，以為信水。

別的也都類此，非常詳細。要復原古酒，他的記載，大是可資，但我估計沒人做這樣的傻事，不如取其中的名色，胡亂一做，便稱宋代酒方，又省事又掙錢。

前面說的是不經蒸餾的曲釀酒，也就是現在稱的「黃酒」。白酒呢？蒸餾酒技術引進於元時，成熟於明代（也不停有人出來證明蒸餾酒在中國古已有之。其實學界佞人，才是古已有之），我們現在所見講到「白酒」的古書，多在明代中期之後，現存造白酒的遺址，最早也是那個時候。所以現在酒廠，以「老」相號召的，至多也老到明代。

現在如此，以後未必。考古界發現過上古的成酒遺物，周漢造酒的遺址，隨著祖國深挖地廣拆房，這類發現更必日益增多，再結合蒸餾酒古已有之學派的最新理論，估計不用多久，標牌上印著「西元元年」甚至「負一千幾百年」的老酒，就要「苟日新，日日新」了。那時候大家舉杯同慶，是不消說的。

其實，酒徒如我，根本不敢奢望喝到古法蒸釀的白酒，喝一頓酒，頭有些疼，但沒有疼得哭起來，嘴裡有些怪味，但不是十分古怪，眼睛有些模糊，但沒有瞎，心願足矣。聽說五十年代，初用麩曲，一些老頑固，搖了好幾年的頭，而如今，能喝到純用麩曲的白酒，算你運氣。七十年代，流行勾兌，又有人搖頭，而如今，如只用酒頭來兌，又是你的運氣。政府批准的，可以兌在白酒裡的香味劑，我沒細數，大概有近千種吧，沒批准的，不在其列。這些寶物，是做什麼用的，想一想就上頭。

所以酒經種種，還是不要看了吧。我曾收羅一些明清的酒書，或筆記裡講到造酒的，種種細目，種種滋味，沒酒喝的時候，就看一看，連口水都是香的。最近我把這些書，都送給仇人了，——看了心裡難過。如今喝酒，還管什麼清蒸混蒸，七醞五甑，年分云云，只當胡說，最好連標籤也不要看，因為上面說的，左右是撒謊。我輩喝酒之人，是有原罪的，偷偷喝一點，不要聲張，再糾纏什麼美惡精粗，就過分了。

好酒是有的，但自己買不起，只好等石油界的人請客，但等了幾年，就像馬三立先生說的，「車也沒來」。其實你我這樣的人，如果有什麼期盼，是酒廠將用的什麼酒精，加的什麼作料，如實寫來，我等自作自受，再不會抱怨一句。但酒廠不肯，所以我的主張，是不如自己去買食用酒精，自己加入乾淨水，便成世上最好的酒。

# 不讀騙書

《杜騙新書》是明代萬曆年間的書，作者張應俞，生平不詳。他把所見所聞的一些騙例，彙集起來，一共八十幾種，細細解說，意在教人防騙。這本書流傳不廣，在國內漸漸地就找不到了，幾十年前學者從國外抄回，讓它再逢盛世，本來只收在幾種叢書裡，不料忽如一夜春風來，越是稀奇古怪的書，越在地攤上暢銷，我見到的一個書肆，種種騙書，擺了幾十樣，《杜騙新書》，便在其中了。

這類書是教人行騙，還是教人防騙？從出版者到讀者，大約兩種用心都有吧。在我看來，無論在哪個方面，都是沒用的。詐騙有兩種，一種是職業的，一種是發自本心，見機起意。前一種，另有祕密的傳授，從騙書中是學不會的；後一種，並不用學，人人皆可無師自通。防騙呢，前一種防不住，後一種防不得，若人人提防，社會也就瓦解了。

《杜騙新書》裡的故事，也有兩類，一類是普通人騙普通人（還有些是盜劫之類，實和詐騙關係不大），一類是職業騙術。我對職業騙子，一向是有點佩服兼好奇的，覺得如果沒有他們，我們的愚蠢，不知要伊於胡底。世有秦始皇，便有徐福、盧生，有漢武帝，便有欒大、少翁，有唐玄宗，便有葉法善、羅公遠，有宋徽宗，便有郭京、葉靈素，有明世宗，便有陶宗文、藍道行，我們用石頭砸腳，便要流血，用門擠腦袋，便要昏沉，甘於懦弱，出門就遇見強梁，喜歡為王前驅，自會有主子尋來，要是大做蠢事，卻無不好的結果，豈不沒天理？

民國時，藝人連闊如寫《江湖叢談》，曾舉一「換洋面」的例子，說被騙的新聞上了報紙，一傳十，十傳百，大家都知道了，這一騙術便失效，所以將騙術公開，最能防騙。但這一防騙的途徑，並不可靠，公開過的騙術，仍在奏功，手法略一改變，我們就上當。《杜騙新書》中的第一條「假馬脫緞」，以及後面的「路途丟包行脫換」

等，便是後來人稱「流星趕月」的騙術，至今屢屢得手，可見對我們的心智來說，一些騙術，可謂正中下懷，有的時候，剛剛說完別人，立刻輪到自己。唐代韓愈，侄孫女婿李幹吃丹藥吃死了，韓愈為他寫了一篇墓誌銘，聲討服食之「殺人不可計」，「後之好者，又曰彼死者皆不得其道也，我則不然……及且死，又悔。嗚呼！可哀也已，可哀也已」，可謂分析明白，然而他自己，老了身體不中用，偷偷吃硫磺，結果呢，白居易有詩云：「退之服硫磺，一病訖不痊。」

《杜騙新書》裡的一些騙術，福壽綿長。往前說，宋代洪邁《夷堅志》「關王襆頭」條，記潼州關公廟的巫祝，偶然發現某人的相貌同廟中黃衣神像極為相似，便托這人到市中定造一個大襆頭（一種帽子），店家久不見來取襆頭，後至廟中，見黃衣神像，正是來店令造大襆頭的人，「悚然謂為神，立捧獻之，事淫傳，一府爭相瞻敬。」《杜騙新書》中「僧以伽藍詐化疏」條，與此幾乎一模一樣，只是一個騙財物，另一個騙人信奉，正是同一淵源。往後說，小說《儒林外史》第二十四回：「這和尚積年剃了光頭，把鹽搽在頭上，走到放牛所在，見那極肥的牛，他就跪在牛跟前，哄出牛舌頭來舔他的頭。牛但凡舔著鹽，就要淌出眼水來。他就說是他父親，到那人家哭著求施捨，施捨了來，就賣錢用，不是一遭了。」這個故事，正是《杜騙新書》中「和尚認牝牛為母」一條，區別只在一個是公牛，一個是母牛，故有認父認母之別。再往後說，晚清丁治棠《仕隱齋涉筆》寫小偷對布販說，我要偷那家的茶炊壺，你看見了，不要聲張，布販說，你偷他東西，關我什麼事，我才不吭聲。布販很有興趣地張望了半天，也不見炊壺被偷走，回頭一看，自己的布少了好幾捆，這個故事，正是《杜騙新書》中的「詐稱偷鵝脫青布」一條。

再往後說……再說就到了今天了。我看電視裡、報紙上，往往說些案例，教大家小心，便想那些職業騙子，在在皆有，並不是社會的大患，何況騙有大小先後，有的人自生至死，始終在一大騙局中，卻日日小心戒惕，提防自己的鄰人，提防無辜的路人，提防一些雞零狗碎之事，未免見樹不見林了。

# 不讀樵歌

《樵歌》是宋代詩人朱敦儒的集子，不過，這裡只是借來做個話頭，不盡是在說它。

漁樵是古典文學裡一個很有意思的主題，單看這兩個字，大家就覺得詩意盎然。上山打柴，大概自從人類懂得用火，便開始有了，既耗力氣，又費衣服，難怪花了若干萬年，才想到要賦予它詩意。現在我們讀古詩，看舊畫，一致同意，荒山野嶺，在曲曲折折的樵徑上，一個看起來很高興的樵子，擔著輕飄飄的一擔樵薪，嘴裡唱著樵歌，該是多麼浪漫！如果在山裡撞見這樣一位樵客，就像遇到了山水的地主，神仙的門童，我們自然是要拿他當鍾子期，而不是朱買臣的，再也想不起非法採伐之類的俗詞，滿心都是遇真的歡喜，恭恭敬敬的，問一問路，而樵夫，按照他的行業規範，要用手漫指一下，然後喝著歌兒走開。

漁樵的詩意，並不一定需要讀過些舊詩，才能感受到。在最有名的幾部舊小說裡，《三國演義》，一開篇就唱：「白髮漁樵江渚上，慣看秋月春風。」專寫粗人的《水滸傳》，裡面的樵夫則唱「我今上山者，預為下山謀」云云，也不是一般人物。《西遊記》第九回，甚至塞入長長的一大段漁樵問答。所謂俗文學，看來也是雅人做的；詩人的成功創造，大家遲早都享用得到。

有一個詞叫「樵隱」，大概是謝靈運最早使用（「樵隱俱在山，由來事不同」）。和謝靈運同時的，有一位鮑照，也是大名鼎鼎的文學家，他的《登大雷岸與妹書》，是記山水的名篇，末尾有幾句是：「夕景欲沉，曉霧將合，孤鶴寒嘯，遊鴻遠吟，樵蘇一歎，舟子再泣。」孤鶴遊鴻，已經是公認的意象，把樵子舟夫和它們並列，說明在他的時代，漁樵的詩意已有所普及。早在東晉便有人談到「樵岩之樂」，但真正建立起一致的趣味，還得說是在謝、鮑的時候。打那以後，詩裡寫樵，畫裡畫樵，連人名齋號，也夢樵憶樵，除了真正打柴的，誰都知道樵采是非常風雅的事。

除了在美麗的畫面上擺姿勢，樵夫有時還被認為是有來頭的人，人生的領路人，山中的哲學家，──六祖惠能不就曾砍過柴麼？漢朝人的虛擬人物，是「烏有先生」、「亡是公子」之類，到了宋代，常虛擬漁夫和樵子，一問一答，解釋人生的大問題。飽讀詩書的人，居然會向目不識丁的人，獻上智力的王位，也是奇怪的事。

到後來，更有一種流行的見識，以為古往今來的榮耀，到最後都付漁樵一話，不值得追求。在古代標準的讀書人那裡，政治理想和道德理想，是在一起的，除此之外，也不大有什麼想法。這兩條路走不通後，就有點不知所云，生活上，可以隱遁山林，頭腦呢，總不能自令昏迷。其實，古代社會，並不像他們有時罵的那樣失敗，只是停滯，但停滯，對一代代的出色頭腦，是比失敗更大的打擊。即使沒有宗教的啟發，幻滅感也遲早要漫延開來。

《樵歌》的作者朱敦儒，死前不久，在一首詞裡寫：「屈指八旬將到，回首萬事皆空。」一個人，忽然覺得自己的一切作為，都無意義，該是多麼痛苦的事。以為好的，也無所謂好，以為壞的，也無所謂壞，以為有用的，終付無益，以為是自己的，轉眼又屬別人，所有的理想、價值觀、事功、財富、親情友誼，一概暗淡，——總會有這麼想的人，但不該有那麼多如此想的人。

對作如此想的朱敦儒來說，世上的一切事業，只是「深山百丈坑」，躲還躲不及，打小學習的聖賢教訓，只是「古人閒言語」，聽不聽都一樣。索性把大小事拋給別人，別人做出好東西了，我也面無愧色地用用，反正自己是不做的。別人做出壞事了，我也面無悔色地倒倒楣，反正有那麼多人，這叫「兩頓家餐三覺睡，閉著門兒，不管人間事」。他還有句詞，叫「雜戲打了，戲衫脫與呆的」，意思是說，人生如戲，自己是不想唱了，把戲衫卸下，誰傻就穿去做事吧。

責任原來可以卸得如此優美。山水畫、田園詩之類，我是非常喜歡的，中國古典藝術最精緻的作品，往往在這兩個門類裡。但是否優美到足以治療人生的所有痛苦，足以令頭腦愉快地不思不想呢？不同的性格，可能有不同的感受吧。

# 不讀情書

古代婚姻不自由，且多妻制，但不能由此推論古代夫婦間一定沒有愛情，單是從統計學上看，那麼多對男女，即使是隨機地配到一起，總有一定的比例，會戀愛起來的，只是那順序，是有點古怪的了。

手邊有一本《清代名人情書》，是民國時一個叫丁南的人編的，收了幾十通書信，起於吳三桂（信裡有「還我河山，歸我佳麗」這樣好玩的句子），迄於郎葆辰。丁南不知是什麼人，這本書大致是為書商編的，屬獵奇的性質，裡邊還收了些偽作，殊不足重。

古代情書不多，一是流傳不易，二是當時的太太，未必都通文墨。愛人間互致情意，我們讀到的，大多是詩詞，蓋詩詞用語委婉，當事人自可大大方方地公布出來，算是文學作品，而不會很害羞。散體的通信，見到的就很少了，也因此珍貴。

早期的一個例子是東漢的模範夫妻秦嘉和徐淑。秦嘉得到一枚好鏡，連若干什物，捎給妻子徐淑，在信裡說：

明鏡可以覽形，寶釵可以曜首，芳香可以去穢，素琴可以娛耳。慚所報之薄，不足答來贈之厚；詩人感物以興思，豈能睹此而無用心乎？

徐淑回信說：

覽鏡將欲何施？去穢將欲誰為？素琴之作，將欲君歸；明鏡之覽，將待君至。未奉光儀，則寶釵不設；未侍帷帳，則芳香不陳。曩來問訊，雲已能路。分別之恨，情兼□□。□念吾君，閒在空舍。止則獨處，無與言對。去則獨發，無有侍□。進登山陵，

> 退背丘墓。悵恨之情，情亦多矣。⑦

這是夫妻間的尋常通信，所以並不濃烈，但看來女性更善於表達情感，不似丈夫那樣含蓄。

過去的馬路邊，常有戴圓眼鏡的老夫子擺攤代寫書信，其中一樣就是代寫家書。古代男性一直會虛擬女子的口吻，代寫情書。《會真記》中崔鶯鶯的情書，贏到過許多眼淚，但在我看來，這信總是出自男子之手，無他，就是覺得口吻不似女子。王實甫《西廂記》裡，作者代鶯鶯寫給張君瑞的回信，就老實得多：

> 聊布瑤琴一張，玉簪一枝，斑管一枚，裹肚一條，汗衫一領，襪兒一雙，權表妾之真誠，匆匆草字，伏乞情恕不備。

若是憑空拿出，倒也不辨雌雄。另一個有名的愛情故事，是《二刻拍案驚奇》裡的劉翠翠和金定，也曾被改編為多種戲文的。後來又流傳一種劉翠翠寫的情書，卻需仔細看去，才能識出是偽託的，因為這信寫得實在不錯，大概男人自己寫信就拘謹，代女人寫情書，倒放得開。

至於實際的情感呢？元代的鄭禧，寫過一本《春夢錄》，記他同某吳姓女子的情事。鄭禧的情詩和奠文，在我看來，雖然不能說不誠懇，比起那女子的癡情，差得也很遠了。後來這女子因情憔悴而死，臨終前給鄭禧寫信，自料不起，寬慰鄭禧說：

若此生不救，抱恨於地下，料郎之情，豈能忘乎？然妾之死，無身後之累，郎若成疾，則故里梅花，青青梅子，將靠之誰乎？

用情之深，令人歎息。這封信可與史可法給妻子的絕筆信對讀：

法早晚必死，不知夫人可隨我去否？如此世界，生亦無益，不如早早決斷也。

但若說男性對感情就缺少細膩的體會，那是不公平的。俞樾給亡妻的信，便是例子。這封信有點長，但值得全抄下來：

一別之後，五月有餘。之情，不以生死有殊，想夫人亦同之也。自夫人之亡，吾為作七言絕句一百首，備述夫人艱難辛苦，助吾成家，而我兩人情好，亦略見於斯，已刻入《俞樓雜篡》，流布人間矣。茲焚寄一本，可收覽之。葬地已定於杭州之右臺山，葬期已定於十月二十五日，今擇於十月九日發引，先一二日在蘇寓受吊，即奉夫人靈，同至湖上，仍住俞樓。居期躬送山丘，永安窀穸，吾即生壙營於夫人之左，同穴之期，當不遠矣。日前，曾夢與夫人同在一處，外面風聲獵獵，而居處甚暖，有吾篆書小額，曰溫愛世界，斯何地也？豈即預示我墓隧中風景乎？蘇寓大小平安，勿念。西南隅隙地，已造屋三間，屋外竹簾茅舍，亦楚楚有致，俟落成後，夫人可來，與吾夢中同往觀之。

7 編註：秦嘉與徐淑往還書信的抄本有殘缺，現代無以考證原字，故以□替代缺字。

古代情書不多，一是流傳不易，二是當時的太太，未必都通文墨。愛人間互致情意，我們讀到的，大多是詩詞，蓋詩詞用語委婉，當事人自可大大方方地公布出來，算是文學作品，而不會很害羞。

# 不讀《笑林》

幽默感是上帝的禮物，但不同的文化，對這禮物的珍惜也不同。謝天謝地，古代中國人的幽默感發育得還好，有《莊子》說盜蹠、優旃諫漆城那樣的文字為證。不過，讀古典著作，我們微笑或大笑，幾乎全都是因為事情的有趣，而敘述的文字本身，可稱幽默的，少之又少。

三國時魏人邯鄲淳的《笑林》，是我國第一本笑話書。這本書後來亡軼了，我們見到的是後人的輯本。從中選一則為例：

魯有執長竿入城門者，初豎執之，不可入，横執之，亦不可入，計無所出。俄有老父至，曰：「吾非聖人，但見事多矣。何不以鋸中截而入。」遂依而截之。

事情是可笑的，但這文字本身，並無什麼趣味。一個好笑話，你講也可笑，我講也可笑，可笑的是故事本身，而非你我的講述。《三國志》裡有個情節，是孫權用驢的長臉來開諸葛恪的玩笑，也是這種情況。孫、諸葛都是擅長調笑的聰明人，而傳者只是直記其事，談不上什麼風味。

同樣說驢，南朝的袁淑，寫過一篇《驢山公九錫文》，就有趣多了：

若乃三軍陸邁，糧運艱難，謀臣停算，武夫吟歎。爾乃長鳴上黨，慷慨應官，崎嶇千里，荷囊致餐，用捷大勳，曆世不刊……

這是滑稽的文字，但不知你是否同意，讀起來，總覺得差一點味道。差在哪裡呢？幽默是極難定義的體驗，不過我們知道，它的要素之一，是智力從容地活動。作為書面語的古漢語到三國時間，離口語已遠，可用而又活潑的語素太少，在簡省的體格中，想從容調劑，大是為難。不妨比較一下另一篇說驢的文字，在敦煌發現的《祭驢文》。驢主人叮囑與世長辭的驢子，萬一來世還做驢，不要托生到不懂事的人家，不然啊——

出門則路即千里萬里，程糧賤無十個五個，向屋簷下寄宿，破籬裡盛，猛雪裡須行，深途裡須過，愛把借人，更將牽磨，只解向汝背上吟詩，都不管汝腸中饑餓。

雖仍是半文半白，語氣已經有味道多多了。如把這段文字改寫成標準的文言，再怎麼努力，也沒有原文的生氣。唐代的大作家，元結、柳宗元、韓愈等，都寫過調笑的文章，但可有人讀得發笑？宋代的蘇軾，諧浪笑傲，幽默感是發達的，他寫過嘲謔的詩文，同樣，效果離期望差很遠（有些笑話書如《艾子》、《調謔篇》等，或說是蘇軾寫的，其實是偽託他的大名，而且那幾本書也不怎麼有趣）。

古人有很好的幽默感，有無數機智的言語、無數風趣的行為，但要欣賞到真正幽默的文字，得等到後來的白話小說了。文言確實很難寫得有趣，最後一個例子，是狄更斯（Dickens）的小說《塊肉餘生記》（*David Copperfield*），最早有林紓的「譯本」。

貝西小姐的出場，董秋斯的譯文是這樣的：

再看一眼時，我母親就有了一種確信不移的預感，那是貝西小姐。落日在花園籬笆外的陌生女人身上閃光，她擺著別人不能有的惡狠狠硬梆梆姿態和從容不迫的神情走向門前。等她來到宅前時，她又一次證明了來的正是她本人。我父親經常表示，她的行徑不像任何普通的基督教徒；這時，她不牽鈴，一直過來張望那同一的窗子，把她的鼻子尖在玻璃上壓到那樣的程度，我那可憐可愛的母親時常說，有一個時候她的鼻子變得完全白而且平了。她使我的母親吃了那樣一驚，我一向相信，我在星期五下生，實在得力於貝西小姐呢。

林紓不懂英文，聽魏易口譯，然後用文言寫下來。他讚賞這部作品「言哀則讀者哀，言喜則讀者喜，至令譯者啼笑間作」，可見魏易對原著的幽默感，定有傳達。那麼，再來看看林譯：

視之，知為密斯貝測。時斜陽半落，餘光尚滯小籬之下，並及貝測之衣。入時不言不笑，狀至嚴冷。既至窗下，吾母乃益知為祖姨，以吾父恆言姨之舉動大異於眾。來時初不掣鈴，徑造窗下，二目射光入室。吾母大震，胎氣遂動，其生於禮拜五之日，祖姨與有功焉。

有閒工夫的讀者，不妨再多找幾部林譯的小說，和白話譯本對比，一定對「工欲善其事，必先利其器」的聖諭，信服不已。

古人有很好的幽默感，有無數機智的言語、無數風趣的行為，但要欣賞到真正幽默的文字，得等到後來的白話小說了。文言確實很難寫得有趣……。

# 不讀目錄

尊敬的讀者，不知可曾拜訪荒涼的墓地，如賀蘭山東麓的西夏王陵、景縣的十八亂塚，或某處無名的墳地？特別是如果您獨身一人，再趕上某些特別的場景，黃昏或黑夜，梟啼或樹聲，您會不會生出些令人興奮的念頭，比如說，期望有人起於地下，同您談談心？至少您得好奇，如果真發生這樣的事，那現身的前人，會說些什麼呢？我知道有一個地方可以滿足這樣的好奇，那就是擁有許多舊書的圖書室，那精神的墓園，我們同先人交流的地方。

現在，書是十分易得的。過去不是這樣。在線裝書已在流行的明清兩代，擁有一部完整書籍的家庭，絕對不會超過百分之一；在更遙遠的古代，在手抄本的時代，一個著書人，在他活著的時候，讀者能有多少呢？幾十還是幾百？那時的作者，也是非常少的。孔子、墨子是已知最早的私人藏書者，擁書多少，不得而知；《莊子》裡說「惠施多方，其書五車」，於是有成語「學富五車」，——五車是多少書呢？戰國時的魏王墓後來被盜發，得竹書數十車，一共才七十五篇！

那時的人，如非不吐不快，大概不會去做著書立說這種麻煩事。如同不甘心的逝者，他們把希望放在後世，以讀者為一個在時間裡綿延的整體。而唯有擁有如此野心的作者，作品才可能流傳下來，如同封土或碑石，標誌他自己和他的時代。這是一批使者，由遠逝的時代遣出，在時間裡漂流，有點像舊時羊報的水卒，把水簽投給每個時代，至於後人如何撿拾，就不是前者能力之內的事了。

書有二恨，一是恨其多，二是恨其少。恨其少的人，通常是學者，咱們普通人，唯恨書籍太多，讀不過來，又不知什麼是適合自己讀的，什麼是自己有可能喜歡的。尋好書如尋戀人，要向人海裡淘摸，又要聽人介紹，有的人還會坐在餐館臨街的窗前，看外面的人流，納罕自己的精神伴侶，是不是剛剛路過。我們在無趣的書裡浪費了無數時光，也曾在書店或圖書館裡，掃過一排排的書脊，當然，我們也讀書評、書目，像光棍漢檢閱徵婚啟事。有時我們相信推薦，買下一本新書，有時我們只是想瞭解一下還有那麼多書，那麼多可能。

讀書目是心曠神怡的事，也是讓人懊惱的事，書目向你顯耀風景，又告訴你有多無知，許多人都知道有一篇《漢書·藝文志》，它所依據的更早的兩種目錄，沒有保存下來，自己便成了現存最早的分類目錄。這幾種漢代的書目，裡面一共收錄了多少書籍呢？按現在的標準看，六百種左右。想不想做個漢代的讀書人？只須幾年，就能讀盡天下書。到了南梁時編寫的《七錄》，書的數目增加了十倍，就很可觀了。至於現在，以出版物之多，編一種完全的書目，既無必要，也無可能了。

私人書目，一類是著錄自己的藏書，盡著守陵人的職責，另一類是為讀者挑選適當的讀者，如十分有名的《書目答問》。後一類的書目，是今天的讀者最需要的，只是這種書目，十分難編，若依著自己的口味，讀者未必買帳，若盡依著公議，與自己又有何干？若為每部書寫一篇詳細的評介，終其一生，怕也介紹不了多少書，若選別人的議論，則是另一筆糊塗賬。而讀者最頭痛之事，倒不是挑選經典著作，而是面對一年年的新書，我們自己時代的書，不知該找什麼來看，至少我是如此，首先是到底出了哪些新書，懵然不知；其次是看報上的評論，無不說得天花亂墜，讓人恨不得都買到手中，心知不可能，又恨不得一本也不買，才免得雙重的悔恨。

我們還不是最尷尬的。後代的讀者才是。因為我們這個時代，給他們留下的出版物之多，趕得上前代的總和，非經惡狠狠的淘汰，我們的後人，便如同活在亂葬岡上，無下腳處，——未來文獻學者的主要工作，或將不再是發現文獻，而是丟棄文獻，那個時候，書目又將是非常流行的了。古代的書目，一向是著錄亡書的，但我希望針對我們這個時代的書目，不再為此，那些被淘汰的，就讓它們安安靜靜地被淘汰吧。不過我又擔心，總會有許多人，儘管極少甚至從不閱讀文獻，一旦有人提出刪除它們，就立刻痛心疾首，呼籲，請願，哭泣，以為文明的基石，就要毀於一旦了。

# 不讀書目

本題中的書目，指的是各種書單子，中間最有名的一種，又是署名張之洞的《書目答問》。

《書目答問》自然不是張之洞一人之力，這一節暫不管它，且說它在當時，更多的是購書的參考，而非讀書的指南，它裡面標記著哪個版本較佳，對小地方的讀書人來說，尤有用處，這一點在現在，除對版本學家外，意義也不大了。但這本書光緒二年刻印，風行不衰，到現在還有各種版本行世，我曾不只一次在地攤上見到它，可見其影響力。我不相信有人拿它作讀古書的門徑，裡面的書太多了，有兩千多種，不要說現在，便在一百多年前，不等把上面的書讀完，早就以通儒自命了。順便說一句，裡面的許多書，《書目答問》的編者，不管是張之洞，還是繆荃孫或其他人，並不曾都讀過。

《書目答問》自然是古書的單子，裡面也有西學書，寥寥數種，只是點綴。後來又有仿它體例的西學書目，如不怎麼為人所知的《西學書目答問》，採用新分類法的《益智書會書目》和最有名的《西學書目表》。這是兩股道上跑的車，不能以此責彼，《書目答問》是古書的單子，要衡量它也只能在這一方面。

活在現代的人，為什麼要讀古書？或者，把這個問題再縮小一下，如果沒有職業的需要（如治學），一個普通的讀書人，為什麼要讀古書？他希望從中得到什麼，又果真得到了什麼呢？這是個不易回答的問題，答案也有許多種，其中最著名的回答，大概是魯迅回覆報紙邀他開列「青年必讀書」的單子，說的幾句話，先是說「從來沒有留心過，所以現在說不出」，接著說「我以為要少──或者竟不──看中國書」，這話說得如此決絕，現在有些人聽到，還要掩耳。

魯迅一來是故意刺激某些人（這一目的他是完完全全地達到了），二是針對「青年」和「必」二詞而發，確實，「必」是什麼意思呢？魯迅對「必」字反感，但他確有自己心中的書目，比如他給某友人之子開列的國學入門書單，全是子、集二部的書，可見他對經史的看法，比較一下梁啟超開的「青年必讀書」，差別是非常大了。

梁啟超開列的，除孟荀外，都是史部的「大腦袋書」，在他看來，雖非治學，這些書也是中國學生的根基。其餘如周建人開的全是外國書，林語堂的書單子文學味最重，徐炳昶只列了《倫理學》、《幾何學》這兩種書，俞平伯「絕未發現任何書是必讀的」，便交了白卷，如是等等，可見開書目這種事，一向是將自己的價值推之於眾。便是有公允之名的胡適，後來給清華開的「最低限度國學書目」，一長一短兩種書單，做得老老實實，還被梁啟超批評為文學氣太重。對什麼是「必讀書」，意見分歧從來就是很大的。

「青年必讀書」是舊公案了，不過意義還在。同樣的問題，可以換個問法。假如一個人，為了某種莫名其妙的緣故，非要讀古書，當從哪裡入手呢？問題越是簡單，越是無從說起，因為不知道他讀這些書有沒有什麼特殊的用處，也不知道他的趣味和語文基礎。繞回到前面，一個人究竟是為什麼要讀古書呢？如果是為了趣味，讀著好玩，那麼，除了《紅樓夢》《水滸傳》之類，我想不出還能推薦些什麼；如果是為了實際的用處，就如今天的許多人讀曾國藩或孫子那樣，尋找人生的祕訣，進退的法門，那麼，推薦什麼，這些讀者都會失望的；如果是為了修養，我又相信，認真讀過中學課本的人，應該能夠自己給自己找到適當的書。

說到最後一種，為修養而讀書，又何嘗不是實用的目的！要從古人那裡找精神共鳴，做知己的傾談，絕非容易，所以還是談實際的吧，若要文學，讀些詩詞，若要知典故，讀帶注解的選本，若要顯得博雜，翻翻類書，若要知曉事物源委，或談史說兵，省事的辦法都是讀今人的著作，頭緒清楚，費時也少，這些都是修養的捷徑，談資的淵泉，聰明人不走捷徑，還走哪裡呢？

# 不讀方志

我要到某縣住一個月，去之前，想瞭解一下當地的風土人情，有哪些先賢，有什麼舊祠，山川版圖，典制沿革，物產人倫等等，我該找什麼書看一看呢？一般性的史地著作，可以參考，而縣誌無疑是最合用的。這是個舊縣，我找到三種地方誌，一部是明代嘉靖年間編的，一部成書於清末，另一部，是近年新編的。前兩部，用今天的眼光，讀起來不是很方便，但耐心看去，眉目宛然，資料也豐富。後面這部新志，門類清楚，最是易讀，但讀後，卻覺空洞無物。

清代學者章學誠曾批評他那個時代的地方誌，「率憑一時採訪，人多庸猥，例罕完善」，「其古雅者，文人遊戲，小記短書，清言叢說而已耳；其鄙俚者，文移案牘，江湖遊乞，隨俗應酬而已耳」。古代的方志，是私人手筆，確實良莠不齊，但有一樣好處，對地方的掌故文獻，留意採擷，哪怕是缺乏史意，當資料書來讀，也津津有味。新地方誌是官修的，官氣也重，四平八穩，面面俱到，舉凡郵電金融，能源交通，工農商學，無不有專記，讀後不知是方志，還是政府工作報告。不是說這些方面不宜入志，古代的方志，也講究記述完備，如戶口田賦，鹽鈔稅課，官署學校，支費職役，一樣樣地寫進去，區別在於，新志的取捨，全依官方標準，往往請各部門，把自己的行當，講述一遍，是以全是官樣文章，了無生氣。

章學誠又曾請立志科，也就是在州縣設立專門的官方機構，來編輯地方誌。不妨抄一大段他的設想：

六科案牘，約取大略，而錄藏其副可也；官長師傅，去官之日，取其平時行事善惡有實據者，錄其始末可也；所屬之中，家修其譜，人撰其傳志狀述，必呈其副；學校師傅，採取公論，核正而藏於志科可也；所屬人士，或有經史撰述，詩賦文筆，論定成編，必呈其副，藏於志科，兼錄部目可也；衙廨城池，學廟祠宇，堤堰橋樑，有所修建，必告於科，而呈其端委可也；銘金刻石，私事辭，必摩其本，而藏之於科可也；宴興賓飲，讀法講書，凡有舉行，必書一時官秩及諸姓名，錄其所聞所見可也。

從這段話中，可以看到古人搜集資料的大概。今天各地的史志辦，大有章學誠的遺意，工作不可謂不辛苦，員額不可謂不多，為什麼編出的新志，大不耐看呢？我想，地方誌的撰者，是非常重要的。明代的縣誌，往往不如清代的，因為清代的優秀學者，許多以撰寫地方誌為個人的盛事，這些人學識高，修的志自然出色，而在明代，大學者參與其事的少，縣裡只好請當地的儒士，如果這是一位飽學之士，算這縣裡人運氣好，可惜這樣的運氣並不總有，執筆的往往是半通不通的塾師，每日坐在那裡東抄西抄，騙些豬頭肉吃了事。

在章學誠的設想中，志科把資料積攢起來後，「訪能文學而通史裁者，筆削以為成書。」這一點之重要，他可能並沒意識到。如今的新志，鮮有這麼做的，都是史志辦的工作人員，各掌一門，湊齊成書，名之曰集體編輯，所以我們在志中看不到個人的意見，看不到歷史感，看不到作者的用心。集體撰述的書，我還沒見過一本好的，不只是方志如此。唯盼將來能有一人執筆的新志，寧偏而有益，遠勝於正而無當。

縣裡的地方誌辦公室，我有幸見識過一次。辦公地點，是在政府樓中最偏的角落，連門上的牌子，似乎也比別的辦公室顯得小些（其實是一樣大小），裡面的工作人員，謙恭多禮，他們的設備傢俱，大多破舊，很像別的部門用過不要了，擲到這裡。據他們講，每年的經費，實不敷用，騎著自行車，到各處搜羅資料，要賠著笑臉，對方還不一定搭理。也許這並不是普遍的情況吧。

這些工作人員，很可同情，辛苦自不必說，修志時也做不了主，萬事決於上意。這也苦了我們讀者，舊志不好讀，也不宜得，很少有新版的，往往得到極難使用的圖書館裡，才能見到。新志呢，又是如此這般。那怎麼辦？不讀也罷。

輯肆

# 不讀小說

每個社會、每個階層都有失意者，偉大的《儒林外史》，講了一群失意者的故事。

# 不讀世說

倒退十年，要我在《世說新語》和《顏氏家訓》裡選一種，推薦入「不讀書目」，我怎麼也不會選中《世說新語》。《顏氏家訓》代表著健全的常識，可常識，那是人人都有的，且人人都自以為多得向外溢，擺上小攤，一毛錢一堆，也沒人買哩；而《世說新語》，才是趣味和才智的薈萃，一批奇妙的人，過著奇妙的生活，每天說奇妙的話，要擺脫平庸的日常生活，還有更好的教材嗎？一個人要是不看看《世說新語》，恐怕自己做了雅人，自己還不知道呢。

曾有個人，某天忽然想出一句俏皮話，跌足歎道，可惜今無《世說》，致令佳句不傳。其實各代都有自己的故事，讀讀舊書，便知差不多每位傳主，都有一兩條出奇的言行，不過不要輕易相信古時候的奇人奇事果那麼多，因為多少年來，士子一直在偷偷模仿魏晉人士的風度，連老成的人，也要找適當的時機，做一兩件瘋癲的事，好給自己的人生，添上色彩，令後代的讀者，以為他有豐富的內心，不然怎麼會偶爾露崢嶸呢。還有的人，平日積攢機鋒，專等用在特別的場合，好令人人傳誦，有的人沒機會，或者說了不少機智言語，而沒什麼反響，心中難受，只好寫下來，收在文集裡，中古以後，格言體的文章，往往如此。

於是，我們都知道竹林七賢，慢慢地不大記得正始玄學了，我們記得「雪夜訪戴」，慢慢地忘掉戴逵是大畫家，又是位音樂家了。魏晉是心智史上少有的兩個大時代之一，不過誰在乎，知道王衍的人比知道王弼的人多十倍呢。如果連佛學的譯者和理論家，也變身為名士，如放鶴的林公，投門的深公，就不要怪一大批著作，藏在圖書館的角落，等候有人從旁邊經過，帶起一些風，好吹掉一點灰塵呢。

魏晉人的著作傳下來的其實不少，但可推薦給普通讀者的，竟意外地少。陶淵明的詩，很多人都讀過，但選本裡的常客，往往是「悠然見南山」之類，他的另一種心聲，酒後面的憂思，詩後面的詩，肯聽的人就很少。而陶淵明還不算以思考見長，他只是使用著那個時代的思考題，就把我們難住了。

和戰國相比，魏晉人的運氣差。戰國人的話題，一直延續下來，成為古典的第二源，魏晉人的痛苦，最核心的部分，後世的士大夫一聽就要掩耳，所以或變形或隱藏，給流放到傳統的煙瘴之地。當然，今天的學者，完全能理解魏晉人的著作，讀出他們的心事，但時過境遷，激蕩人心的時機已經錯過，死而復生，卻來到一個和自己無涉的時代，只好留在玻璃屋裡，供人參觀了。

和後代不同，魏晉文章是小圈子文學，作者無意令其流布到階層之外，所以難讀。問一個受過很好教育的人，他對魏晉的瞭解，怕是和你我一樣，先來自《三國演義》呢，再進一步，便是《世說新語》，再進一步，則是《文選》，——不，宋明以來，認真讀《文選》的，已不很多了，不過也無妨，因為《文選》和《世說新語》一樣，對那個時代，並不能給我們一個全面的印象，反會讓我們以為那只是一批文學之士呢。

只從《世說新語》，我們無法知道嵇康臨刑，為何如此泰然，無法明白他詩中說的「事與願違」是什麼意思，——但是，我們為什麼要去關心近兩千年前人的心事呢，何不揀好吃的吃，揀好看的看，一部《世說新語》，讀起來又愉快又不累人，難道不該是首選？應該是的，不過若只為消遣，世面上有那麼多文白如話的好作品，和它們相比，《世說新語》又算是艱澀的了，所以不妨猜想它的讀者，是以之為纜車似的捷徑，一覽整個時代，又不需忍受爬山的勞苦。這給了我們一個讀《世說新語》的理由，但同時也給了兩個不讀的理由，若要瞭解自己身邊的事，還是當代的文章好，若要瞭解魏晉人，《世說新語》未必是最合適的入門。

然而讀書人如同遊山客，既厭煩了砥平的大路，又要對荊棘交錯的小徑皺眉，我們喜歡適當的寬度、適當的坡度，喜歡驚起的小鳥而不喜歡撲出的老虎，喜歡每五分鐘有一處景觀，每十分鐘有一處供水，這樣，我們在下山後，說到今天又去哪裡哪裡，才能擁有既行若無事、又閱歷十足，那種令人羨慕的口吻。

《世說新語》中，王孝伯說：「名士不必須奇才，但使常得無事，痛飲酒，熟讀《離騷》，便可稱名士。」後世名士，則連《離騷》也不須讀，熟讀《世說新語》，就差不多了。

一千多年裡，《世說新語》是名士寶典、風雅祕笈。無論是在鄉下讀書，還是衙門裡掌印，總要看看此書，找幾句放言，時常掛在嘴邊，尋幾件趣事，每年做它幾次，如此一來，銅氣可消，俗骨可鍛，就算不為名士，庶幾雅人。

魏晉文章是小圈子文學，作者無意令其流布到階層之外，所以難讀。問一個受過很好教育的人，他對魏晉的瞭解，怕是和你我一樣，先來自《三國演義》呢……

# 不讀西遊

我知道為什麼古時候文盲多，識字的少，——如果沒什麼有趣的讀物，識字又有什麼用呢？我國的古代著作，確實有很多好道理，很多好故事，無論是在道德上、哲學上，或是實用方面，無論是對世道還是人心，都大有裨益；甚至還有些讓人微笑的文字，但要想找到一種讓人捧腹大笑，笑得打滾，笑出眼淚的作品——我找過，門兒也沒有，究其原因，或者是好玩的人都不著書立說，或者是寫文章的人本來也好玩，但一拿起筆來，他的那些有趣的品質立刻被壓制住了，換上哀哀欲絕的，大義凜然的，或深謀遠慮的，反正是專門和有趣對著幹的性情，偶爾開一點玩笑，也像是在葬禮上試圖說幾句輕鬆的話，我們這些聽眾，把嘴角捧場地翹起來，心中卻是悲痛萬分。我現在十分確信，古人大多不肯識字，就是對這種情形的抗議。

找到一本有趣的書，已實不易，找到之後，仍不易安安靜靜地享受。無趣之人自古就結成祕密的軍隊，專門破壞別人的好心情，不惜耗時花錢，寫下一本本沉悶的大部頭，以把有意思的書從架上擠開，還潛藏在各種地方，偵察人們的笑容，來制止快樂這種罪惡。他們經常埋伏的一個地方，是書籍的前幾頁，——是的，敬愛的讀者，您想必也和我一樣，屢次遭受這樣的伏擊，滿懷希望地打開一本書，先讀到的，卻是長達幾十頁的前言之類，等我們把它讀完，精神和身體都下垂了，心裡沉甸甸的；本來是想跳到歡樂的馬背上馳騁一番，結果變成了馱夫，要給——據說是——自己的精神，運輸一大批救濟品。這類前言，把我們對作品的理解，限制在一兩種之內，同樣糟糕的，是他們預測到我們有可能因作品的哪些內容，哪種品質，而發生趣味，便防患未然，把所有這些所在，用各種大義，統統悶死，使我們一旦讀到該處，心中湧起的不是歡樂，而是沉痛了。在這個前言盛行的時代（想一想，他們為什麼不肯放到正文後面呢？），一本書還能有那麼多讀者，只能說我們的快樂是如此匱乏，從而如此渴望，連書本子這種笑容的荒漠，都要去裡面找上一找。

發了這些牢騷，是因為我為了寫這篇文章，特地買了一本新版的《西遊記》——好多年沒讀《西遊記》了，這次翻開，迎面便是一篇愁雲彌望的前言，讀了一會兒，我把書從視窗扔了出去，心中暗暗希望能砸中剛剛送書來的小夥子。這是我小時候讀過的《西遊記》嗎？我差點縱容心中的一種邪惡念頭，便是把自己的不幸，讓更多的人分擔，辦法是在這篇文章中，仔仔細細地介紹《西遊記》和吳承恩的前後來去，或大講豬八戒這一角色的種種深意。最後還是我的善良天性占了上風，決心一個人把恚怒和絕望承擔下來。我本又打算介紹自梓行以來，數不清的人士，一直在解釋《西遊記》，所謂解釋，就是把他們自己的愚蠢，夾在每頁之間，用他們自己的沉悶，把我們的笑容，像皮一樣從臉上撕下來，我打算狠狠地嘲笑他們一番，不過我立刻想明白了，為了不幫這些惡人傳名，我才不要提他們的名字，不引用他們的嘮叨，而只須籠統地說一句，那些都是胡說八道。

《西遊記》不是偉大的作品，它最重要的品質僅是童心和戲謔——恰恰是人們最缺的東西。它屬於那類作品，那類你一生中可以讀三遍的書，第一遍在童年讀，可以讓你想像得眼睛發亮，或咯咯地笑；第三遍是在老年讀，邊讀邊回憶童年，不自知地有了些笑容；至於第二遍，在中年讀，是讀不出什麼趣味的，但也非無意義，因為可以讓我們知道現在的自己到底有多麼乏味。

會不會有人奇怪，《西遊記》，以及另外兩部有名的書，《水滸傳》和《三國演義》，都缺少女性讀者呢？女性讀者或厭惡《水滸傳》的粗魯，《三國演義》的爭鬥，但為什麼不愛看《西遊記》呢？也許是她們有自己的遊戲，和男性不同而已，或竟如惡毒的孟肯（H.L. Mencken）[8]所斷定，她們比男性聰明許多。我們在泥塗上掙扎的時候，她們早就到達前面，一邊閒聊，一邊在等著我們了。

8 編註：美國記者、作家、文化評論家。

# 不讀三國

《三國演義》是好小說嗎？是的。是偉大的小說嗎？那要看怎麼定義「偉大」。如果認為巨大的、影響多人的便是偉大的，如果認為受人膜拜的就是偉大的，如果認為令人自覺其卑微的就是偉大的，那麼，《三國演義》當在偉大之列。如果認為個人的、帶有精神性的才是偉大的，如果認為超乎日常經驗、難以捉摸其始末的，是嶄新的創造而非渺小之累積的，才是偉大的，那麼，金字塔也沒什麼不得了，長城比不上黃道婆的一台紡車，而《三國演義》也只是一部好小說而已。

但確確實實，在古典小說裡，若論曾經影響人心之深，哪一本也比不上《三國演義》。不妨想像一下古代社會裡的普通人，那些不認識字、沒機會讀史書的大多數人，他們如何形成歷史觀？在他們的理解中，國家是怎麼回事，政治是怎麼回事，九州誰設，四疆誰辟，為什麼自己要繳賦稅，為什麼官員會乘馬，什麼樣的人是英雄，如何辨認出自己的救星？……一個人自幼及老生活在村莊裡，但也能談古論今，對多種公共事務都有一套看法。那麼，這些看法是怎麼來的呢？一大來源便是聽故事，從說書人，從戲文，或直接或輾轉，積累起自己對政治事務的知識。講三國故事，至少在唐代就有，到後來集撰成書，一千年裡，眾多的故事中，只有它，當得上是全民的歷史教科書。

人們從這本教科書裡學到了什麼呢？語云，看三國掉眼淚，替古人傷心。蘇東坡記當時的里巷小兒，聽書聽到曹操戰敗，就很高興，聽到劉備戰敗，就會哭泣，「以是知君子小人之澤，百世不斷。」是啊，在《三國演義》的世界裡，君子之澤，確乎百世不斷，因為人民受君子的教育那麼多年，已經打從心眼裡愛戴他們，一聽說上大人走了麥城，沒幾個不眼淚汪汪的。曹劉爭天下打破頭，千年後的聽書人意見相左，也有打破頭的，據說還有出人命的，而永遠想不到問自己一句，這些事，和我有什麼關係嗎？

關係似乎也是有的，帝制下人民的最大願望，就是找個好主子，而劉備據說是仁厚長者（這個說法，竟然有讀書人也相信），非好主子而何？若干後選主子打仗，對漢末人民來說，是極倒楣的事，因為或者被征去當兵，或者被當兵的抄掠，都是容易致死的事。不過這些感受，不容易流傳，容易流傳的是英雄事蹟，令千年後的人民讚歎不已。明代李贄說人們之喜歡三國，是因為熱鬧好看。自古以來改朝換代，遽興倏廢，就是打仗也短暫，不過癮，而三國時代——

智足相衡，力足相抗，一時英雄雲興，豪傑林集，皆足當一面，敵萬夫，機權往來，變化若神，真宇內一大棋局。……直志士覽古樂觀而忘倦也。

有志之士樂觀而忘倦，可以理解，身為芻狗、胸無大志的百姓，同樣津津樂道，想一想亦可理解。人民需要英雄，只不過常常不知道需要的是哪一類英雄。三國時代英雄確曾輩出，但未必是《三國演義》中人，當然，這是現代人的看法了，古人並不這麼看，有志之士覺得過癮，大家也跟著覺得過癮。當然，有人也藏點私心，以為看看三國，可以學些大人之術，甚至有俗話講，老不讀三國，果真以為看了三國，會格外老奸巨猾，這都是太天真了，一旦做了愚民，長點小心眼，又有何補呢？

《三國演義》的宗旨是扶持綱常。當年孔子做《春秋》，據說亂臣賊子懼。三國的作者，也是聖人之徒，演義者，本來就是推衍經義。他編寫三國故事，如某篇序文裡說的，要讓天下百姓皆知「正統必當扶，竊位必當誅，忠孝節義必當師，奸貪諛佞必當去；是是非非，了然於心目之下。」聽起來也很不錯，可惜社會裡自然成長起來的倫理，和強加的倫理，通常混在一起，而功用絕不一致。《三國演義》的老讀者，皆知綱常、明禮義，也沒見到他們能給自己掙一條出路。

我們現在通常讀的版本，是毛宗崗和他的父親修訂過的。毛宗岡是清初的一個腐儒，卻誤會自己的腐氣為慷慨激昂之氣。他曾論《三國演義》的十幾項妙處，我常建議想看三國的人，先看看毛氏這半篇文字，如果看了不笑，那不妨去看三國，因為此時他讀不讀三國，已經無所謂了。

# 不讀水滸

清人禁《水滸》，說它誨盜。今天的人批評《水滸》，說它宣揚「暴力美學」，——這個詞我不懂，但寫下來有自我提升的感覺。

中間還有一段，《水滸》在市面上見不到，那是受「封資修」⑨的牽連，和別的毒草一起，封存在溫室裡了，免得欣賞水準在地師級之下的我輩不小心看壞了肚子。實際上，在「封」字型大小的毒草裡，《水滸》是第一個解禁的，時間是在一九七五年，我那時還在上小學，如獲至寶，批判地看了兩三遍，也沒有覺得怎麼暴力。比如，那時的小孩子玩「打仗」，根本就沒有模仿梁山人物的，他們連槍都沒有，太狗熊；

我們玩起來，至少得有楊育才、小爐匠的裝備。

說起來，要禁一本書，或任何什麼，只要你懷著以天下為己任之心，關心別人的腦子甚於關心自己的，沒有找不到理由的，——如果一本書，沒有一點把柄，可以讓我們想像有人讀了之後，會有壞的想法，結果把自己嚇得跳起來，恨不得連夜上書，請禁流布，這樣一本書，用不著禁，一本也賣不掉。當然，有的書，給我這樣有想像力的簡單頭腦，提供恐怖材料，是比別的書多一些，——我今天本來是想寫《不讀〈小雅〉》的，因為我發現，雅詩裡的怪話特別多，比如「君子信盜，亂是用暴」，這叫什麼話，怎麼可以不刪？還有一批，是容易誤解的，如「民之訛言，寧莫之懲」，原意勉強過得去，但在新解層出不窮的今天，誰能保證不會有人說是對訛言可以寬容？所以它也是當刪的，至少改成「民之訛言，判他十年」之類。

但最後還是寫《水滸》，不寫《小雅》了，因為《詩經》的讀者，得罪不起，——可見《水滸》的讀者，未必暴力。《水滸》是本童話，愛看童話的人，在我的印象中，性格總要好一些，臉上的微笑也多於晦氣。什麼李逵李達，就是逗個樂子，明代有個人評論說李逵不該殺羅真人，另一個說，「此言真如放屁」，「天下文章以趣為第一，既是趣了，何必實有其事」。我記得小時候聽的童話，結局不外乎是誰把誰吃了，或誰把誰打死了，但那時的幼稚園，也沒有因此成為戰場，——戰場是有的，是在早把童話忘得乾淨的成年人中間。

我並不是說《水滸》不暴力，《水滸》裡有很多暴力，不同的暴力，有林教頭風雪山神廟，也有石秀大鬧翠屏山，都是不應該的。石秀純粹是多管閒事，特別是在今天看來。這樣的人不去做領導，拿把刀子在街上橫行，難怪古人評論《水滸》之所作，是遺賢在野，因為不遇而憤激。至於林沖，功虧一簣，自毀功德。我們可以想像，再多忍一口氣——好吧，也許兩口——沒準兒就峰迴路轉，別人不都是這麼過來的嘛，再說你也沒給燒死，用得著喪失對程式正義的信心？人常說暴力是最後手段，其實忍耐才是，畢竟八十萬禁軍教頭，天下沒有幾個。

《水滸》的問題，是把暴力寫成漫畫了。一句「殺出條血路」，掩藏了多少細節，其間多少人傷了，如何之痛，多少人死了，如何之不知道痛，全都沒寫。哪天我想殺個雞什麼的，《水滸》並不能提供神經的訓練；它提供的是另一種，使我可以輕易地說出「把它滅了」之類的話，只要去「滅」的不是我，被滅的更不是。說話不走腦子，是人生四大境界之一，多看點《水滸》，還是有用的。

但我今天說的是「不讀《水滸》」，為什麼呢？因為它把武松寫得甚高，而我極不喜歡這個人。看他做的事！第一是打死個野生動物，以後逢人就吹，然後在縣裡管治安，然後干涉婚姻，然後給人做打手，然後披著宗教的外衣，然後到處殺人，還抽煙喝酒。有一件是好事嗎？而且他在書中關涉甚廣，刪也難刪，改也難改，還一直活到最後。他最多，也只好算個雇傭打手，而這樣的人，在城郊的某個市場上成群結隊，晃來晃去的，有的是呢，一百塊錢，再發根棒子，就雇他一天，哪裡用得著什麼武松。

9 編註：封建主義、資本主義與修正主義的合稱。

# 不讀紅樓

題目照例危言聳聽，其實我對《紅樓夢》並無很大意見，也領教過它的魔力。念中學時，班裡有個同學，上課時愁眉不展，以手柱頤，眼望虛空，老師詢問，答以「晴雯病了」。藝術家的工作，就是創造一個結構，使人的經驗，有第二種容身之地；做得好的，這新天地的活性，不亞於圍繞你我的真實世界，為之掉掉眼淚，正是我們追求的閱讀體驗。

但《紅樓夢》是一回事，紅學是另一回事，紅學是一回事，紅學中的「索隱派」是另一回事，——不過既然紅學能容納索隱派，且索隱派之外，也不乏各種奇談怪論

（我昨天剛見到的一篇論文題目，叫《〈冷月葬詩魂〉與多弦理論》），本著行文簡便、一棒子打死的精神，以下不做區別。

中國大大小小的紅學會，總得有幾千個吧。從某一方面說，我們應該感謝紅學會，正如我們要感謝UFO協會、美人魚服飾學會、兔子紅眼根治小組等等一樣。社會沒有權力干涉一個人的旨趣，那麼，對心靈特異之士，最好的辦法就是吸收到一起，有個組織，便於管理，也免得到街上鬧事。

略微有點麻煩的是，紅學對社會日常生活的入侵，走得有一點遠。比如紅學家同時又各自是公認的美學家、文學家、歷史學家、學者、教授、愛國者、好丈夫，那麼，這些正常的身分，就有點兒不清不楚，別的人再以什麼家或什麼者自居，一想到沾了光，臉或要有些「紅」。紅學，包括曹學、秦學，和正在建立的「姥學」，既為人生哲理之總括，宇宙運行之樞機，已非「學術」二字所可範圍，不妨另起高門大戶，把「學」一字賞給你我平庸之輩混口飯吃。

在需要專業知識才能自定其是非的許多問題上，我們都在接受主流行家的意見。

古代的哲人說大地是中心，我們便取這意見，今天的科學家說地球不過是太空中的一個流浪漢，我們也取這意見，這並無問題，問題在於一個社會，什麼樣的東西成為主流，或接近主流。各種意見都有表達的權利，但何種意見占上風，卻構成重大的區別。比如在二十一世紀，仍有人主張宇宙的密碼是寫在文學作品裡的，並無什麼不好，且很有趣，但假如相當多的人同意這意見，就有點異樣了。

《唐吉訶德》（Don Quixote）的主角，堅信騎士小說裡那個世界更加真實，如果他遇到的事情，和小說裡的形容不符，他寧可不相信眼睛。唐吉訶德先生是小說的讀者，但他本人也是小說中的角色，而我們又是《唐吉訶德》的讀者，假如有人把這些全部混為一談，那一定能創造相當的混亂。在我接觸的人裡，相信《紅樓夢》不是簡單的小說的，比能想像的要多很多。有太多的人，認為這本小說，其實是推背圖，是史書，甚至超越了記錄，成為被記錄的某種實在之物，這些最可駭怪的議論，出自各種受過良好教育、衣著得體的成功人士之口，很難不令人去想：我們的教育真是失敗呀。

現代教育的要義，於傳授知識之外，還要訓練學生掌握辨別真偽是非的一套基本程式。對個人經驗之外的多數問題，我們只有聽別人的，但通過觀察他建立主張的方法，我們能決定自己的立場，我們不知道地心裡藏著什麼，但假如一個人說「我是個慈善家，所以當我說地心是一個大燕窩時，你最好相信我」，我們不該同意他，因為他的方法有問題。

「常識」和通常說的「知識」有不同的意義，常識不僅是一套合用的知識，還代表一種日用理性，完全有可能的是，一個人學富五車，卻極端缺少常識，那是因為他少一種核查程式，而那是決定了誰是大肚漢，誰是美食家的。

有一位紅學家，提出曹雪芹其人並不是作者，而是抄手，理由是「曹雪芹者，『抄書勤』也」，——很獨特的觀點，放在飯桌上談談，還是有趣的。紅學中好多主張，看著不像這一條這麼奇怪，而骨子裡比它奇怪一百倍，而且那幾種最廣為人接受的主張，其實是最奇怪的，是對當代教育的最大嘲笑。

「最大」有點誇張了。窗上漏了那麼大的洞，進來的不會只有紅學。比紅學更背離常識，而且大行其道的，還多著呢。有時聽那些衣冠楚楚之士胡言亂語，看那些善良的人們點頭稱是，難免要想，這就是我們，發明了顯微鏡和電冰箱，把飛船送上太空的晚期直立人？

略微有點麻煩的是，紅學對社會日常生活的入侵，走得有一點遠。比如紅學家同時又各自是公認的美學家、文學家、歷史學家、學者、教授、愛國者、好丈夫，那麼，這些正常的身分，就有點兒不清不楚……

# 不讀《儒林外史》

時代變化快呀，吳敬梓這類人的精神祖先，操心的只是精神，至多是性命問題，像他喜歡的嵇阮們，都是社會上的貴族，生計云云，不用費心，阮籍有時哭哭窮，其實他就是什麼也不做，也有酒喝的，等到吳敬梓或杜少卿的時候，「南京這地方，是可以餓得死人的」，於是小姐的身子丫環命，高明如虞博士，也得每年謀幾兩俸金，掙下三十擔米的一塊田，猶不敢去，還要「多則做三年，少則做兩年，再積些俸銀，添得二十擔米，每年養著我夫妻兩個不得餓死」。

當代英語裡的 loser 一詞，譯成漢語的失敗者，太生硬，那麼譯成什麼呢？不中用之人？笨蛋？廢物？廢物點心？反正，一部《儒林外史》，就是「loser之歌」，它裡面的好人，都是混得不好的，混得好的，在作者筆下，無非鄙吝之徒。作為讀者，我們很難同意吳敬梓的這種牢騷，第一，那樣會顯得我們也是loser；第二，我們都是工作者，而工作的定義就是可以出售，出售了就可以過活，可以買棉帽子、買炸糕等各種好東西。這是天經地義的事，我們可不想為一本小說叛教。

《儒林外史》寫的是士子、文人，那時候的知識分子。不過這本書對「知識圈兒」以外的人，也不客氣，書裡寫過三十來個鄉民，二十幾個買賣人，十個差役，十六個奴僕，還有三個看陰陽的，五個大夫，八個和尚，四個尼姑，——除一二人外，也都不是什麼好嘴臉。吳敬梓搭建的書中社會，簡單地說，就是「所治愈下，得車愈多」，他把自己和友人的不幸，歸咎於世風日下。那也是中國最古典的牢騷了。

《儒林外史》裡的文人有幾類，一類是作者的理想人物，如杜少卿、虞博士、遲衡山、余二先生，這些人有操守，還多少有些才學，前者使他們混得不好，後者使他們不至於餓肚子。第二類是混功名而人品見識又很差的，像高翰林、匡超人這樣的。第三類是什麼也沒有，向雅人處說雅，向俗人處吃俗，艱難地混在週邊的小文人，如季葦蕭、季恬逸之輩。

還有一種人，醉心功名然而為人極好，如著名的馬二先生。這個角色的原型是馮祚泰，和作者是朋友。《儒林外史》寫馬二，下筆是很溫柔的，同對杜慎卿的貶抑相對讀，可以發現，在吳敬梓的價值表裡，道德比才學重要很多。所以他對第四類文人，也就是欺世盜名者，態度最嚴厲，如小說裡的權勿用（據說原型是康雍乾時代的假道學、假名士是鏡）。

接下來的問題是，吳敬梓以及他書中的理想文人，所堅守的東西到底是什麼？是文化中的傳統？還是道德中的傳統？書裡面，遲衡山說：「講學問的只講學問，不必問功名；講功名的只講功名，不必問學問。」說得不錯，但如果學問、功名都不講呢？實際上，書中那些糞土功名的正面角色，除一二子外，並不講究學問，詩文也不一定好，那麼，這批士子的本色在什麼地方呢？如果說只是某種道德價值的看守，那麼，非得吟詩弄文做文人才合格嗎？

這個問題等於是，古典文人，在清代中期，剝掉一兩層皮毛後，核心在什麼地方。魯迅曾說：「《儒林外史》作者的手段何嘗在羅貫中下，然而留學生漫天塞地以來，這部書就好像不永久，也不偉大了。」魯迅的意思，似乎是以為《儒林外史》是為舊文人做的，那時是十九世紀三十年代，大家興頭正濃，難怪他有此議論。如果他老人家活到今天，也許他會進一步說，這本書，盛世的人還是不要讀了吧，讀也讀不懂。

每個社會、每個階層都有失意者，偉大的《儒林外史》，講了一群失意者的故事。在證明這些人如何了不起上，《儒林外史》的說服力是不夠的，但小說告訴我們，他們怎樣活下去，怎樣把幻想維持下去，其中那慘澹的信心，是除了《紅樓夢》的讀者之外，任何人都需要看到的，即使是在別人身上。小說最後一個人物是荊元，是個裁縫，喜歡彈琴，在小說的結尾，他彈給一個老友聽（那人也是個市井中人），彈完後，「當下也就別過了。」——我相信任何當代人都不願意淪落到這種田地，但能夠想像在什麼地方有這種人，且能想像他們沒有餓死，多少令人欣慰。

# 不必讀書目

大寫出版 Briefing Press
書　系—古典復筆新　書號 HD0004
著　者—刀爾登
編　輯—李明瑾、陳韋伶（特約）
裝幀設計—楊啟巽工作室
行銷企畫—郭其彬、王綬晨、陳雅雯、邱紹溢、余一霞、汪佳穎
大寫出版—鄭俊平、沈依靜
發 行 人—蘇拾平
地　址—台北市復興北路 333 號 11 樓之 4
電　話—（02）27182001
傳　真—（02）27181258
發　行—大雁文化事業股份有限公司
服務信箱—andbooks@andbooks.com.tw
劃撥帳號—19983379
戶　名—大雁文化事業股份有限公司

初版一刷—2019 年 6 月
定　價—新台幣 330 元

ISBN 978-957-9689-37-3


大雁出版基地官網：www.andbooks.com.tw



國家圖書館出版品預行編目 (CIP) 資料
不必讀書目／刀爾登著．初版．臺北市：大寫出版：大雁文化發行，2019.06
240 面；14*21 公分
（古典復筆新；HD0004）
ISBN 978-957-9689-37-3（平裝）
書評
011.69　108003577

古典復筆新